HISTÓRIA
MODERNA

COLEÇÃO HISTÓRIA NA UNIVERSIDADE

COORDENAÇÃO
JAIME PINSKY E CARLA BASSANEZI PINSKY

CONSELHO
JOÃO PAULO PIMENTA
MARCOS NAPOLITANO
MARIA LIGIA PRADO
PEDRO PAULO FUNARI

ESTADOS UNIDOS *Vitor Izecksohn*
GRÉCIA E ROMA *Pedro Paulo Funari*
HISTÓRIA ANTIGA *Norberto Luiz Guarinello*
HISTÓRIA CONTEMPORÂNEA *Luís Edmundo Moraes*
HISTÓRIA CONTEMPORÂNEA 2 *Marcos Napolitano*
HISTÓRIA DA ÁFRICA *José Rivair Macedo*
HISTÓRIA DA AMÉRICA LATINA *Maria Ligia Prado* e *Gabriela Pellegrino*
HISTÓRIA DA ÁSIA *Fernando Pureza*
HISTÓRIA DO BRASIL COLÔNIA *Laima Mesgravis*
HISTÓRIA DO BRASIL CONTEMPORÂNEO *Carlos Fico*
HISTÓRIA DO BRASIL IMPÉRIO *Miriam Dolhnikoff*
HISTÓRIA DO BRASIL REPÚBLICA *Marcos Napolitano*
HISTÓRIA IBÉRICA *Ana Nemi*
HISTÓRIA MEDIEVAL *Marcelo Cândido da Silva*
HISTÓRIA MODERNA *Paulo Miceli*
PRÁTICAS DE PESQUISA EM HISTÓRIA *Tania Regina de Luca*

Proibida a reprodução total ou parcial em qualquer mídia sem a autorização escrita da editora.
Os infratores estão sujeitos às penas da lei.

A Editora não é responsável pelo conteúdo deste livro.
O Autor conhece os fatos narrados, pelos quais é responsável, assim como se responsabiliza pelos juízos emitidos.

Consulte nosso catálogo completo e últimos lançamentos em **www.editoracontexto.com.br**.

Paulo Miceli

HISTÓRIA MODERNA

Coleção
HISTÓRIA NA UNIVERSIDADE

Copyright © 2013 do Autor

Todos os direitos desta edição reservados à
Editora Contexto (Editora Pinsky Ltda.)

Imagem de capa
"Theatrum orbis terrarum", Abraham Ortelius, 1570

Montagem de capa e diagramação
Gustavo S. Vilas Boas

Preparação de textos
Lilian Aquino

Revisão
Mariana Carvalho Teixeira

Dados Internacionais de Catalogação na Publicação (CIP)
(Câmara Brasileira do Livro, SP, Brasil)

Miceli, Paulo
História moderna / Paulo Miceli. – 1. ed., 8ª reimpressão. –
São Paulo : Contexto, 2025.

Bibliografia.
ISBN 978-85-7244-820-8

1. História – Estudo e ensino 2. História moderna
I. Miceli, Paulo. II. Título.

13-11074	CDD-909.8207

Índice para catálogo sistemático:
1. História moderna : Estudo e ensino   909.8207

2025

Editora Contexto
Diretor editorial: *Jaime Pinsky*

Rua Dr. José Elias, 520 – Alto da Lapa
05083-030 – São Paulo – SP
PABX: (11) 3832 5838
contato@editoracontexto.com.br
www.editoracontexto.com.br

Sumário

INTRODUÇÃO
A unificação da Terra 7

O Estado como obra de poder e arte 37
O humanismo fora da Itália 53
Entre a religião e a ciência 75
"A fabricação (divina) do rei" 95
Os senhores do comércio e das finanças 109
A cultura do povo 121
A preparação do futuro 135

Sugestões de leitura 159

INTRODUÇÃO
A unificação da Terra

A LUTA CONTRA A DISTÂNCIA E A CONQUISTA DOS MARES DO MUNDO

No dia 9 de setembro de 1570, forças turcas conquistaram Nicósia, capital de Chipre. A notícia da tomada da cidade só foi sabida em Constantinopla 15 dias depois, chegando a Veneza a 26 de outubro e a Madri a 19 de dezembro, passados mais de três meses. No ano seguinte, a 7 de outubro, uma grande armada, organizada por Espanha, Veneza e Vaticano, derrotou os turcos em Lepanto, litoral da Grécia, naquela que, em seu tempo, foi considerada uma das mais expressivas vitórias da Cristandade sobre os otomanos, mas Veneza só soube do feito no dia 18; Nápoles, no dia 24; Lyon, no dia 25 e Madri, apenas no último dia do mês.

Se as notícias de acontecimentos espetaculares circulavam com tanta lentidão, não é difícil imaginar o que acontecia com as comunicações cotidianas entre pessoas apartadas pelos motivos mais variados, especialmente quando os grandes impérios ultramarinos avançavam pelos mares da Terra. Alguns episódios que envolveram o padre Matteo Ricci, estabelecido na China a 10 de setembro de 1583, ilustram bem os difíceis caminhos que pessoas e notícias tinham de percorrer para chegar, quando chegavam, a seu incerto destino. Por conhecer bem as insuficiências dos correios marítimos, os padres da Companhia de Jesus em missão no Oriente faziam duas cópias das cartas destinadas à Europa, mandando uma pelo México, em navios espanhóis, outra nos barcos portugueses, que saíam de Macau. Mas, a incerteza e a morosidade das comunicações tornavam inócua essa precaução, como aconteceu com o superior de Ricci, padre Valignano, que teve de esperar 17 anos para que sua carta expedida em Macau fosse entregue em Roma. E não foram poucos os casos em que a correspondência, ao chegar, encontrou morto o destinatário, como aconteceu em um episódio envolvendo a família do mesmo Matteo Ricci. Treze anos depois de estabelecer-se na China, o jesuíta recebeu por um amigo a notícia de que seu pai, o rico farmacêutico Giovanni Battista Ricci, havia morrido na Itália. Ricci celebrou missas solenes em sua homenagem, mas soube – nove anos depois – que o pai continuava vivo. Imediatamente, escreveu a Giovanni uma carta calorosa, que só chegou à Europa quando Giovanni estava, de fato, morto, o que Ricci acabou não sabendo, pois ao chegar ao Oriente a notícia, agora verdadeira, da morte do pai, morto também estava Matteo Ricci.

As notícias representavam, assim, aquilo que o historiador francês Fernand Braudel chamou de "mercadoria de luxo" e só apressavam seu passo à custa de tarifas absurdamente elevadas, constituindo privilégio dos governos ou de ricos banqueiros e mercadores. Exemplo disso foi o correio que, em 1560, o embaixador de Filipe II mandou de Chartres, na França, a Toledo, cidade próxima de Madri. Para o trajeto de ida e volta, o funcionário da corte imperial despendeu 358 ducados, quantia muito superior ao salário anual de um professor da Universidade de Salamanca ou de Pádua.

Era assim no século XVI e assim foi até bem depois, em uma época em que as dificuldades nos trajetos cresciam ainda mais pelo mau tempo, alongando as distâncias em terra e no mar e afetando, de forma desesperadora, a circulação de notícias e a comunicação entre as pessoas. Os exemplos registrados pela história são muitos, e não é preciso fazer comparações com o presente para sentir as dificuldades que caracterizavam a luta que os homens daqueles anos longínquos tinham de travar contra a distância que os separava de forma tantas vezes absoluta.

Apesar dessa pulverização que distanciava pessoas e culturas, o século XVI foi cenário de acontecimentos que afetariam daí em diante a história da humanidade à escala do Planeta. Sem a intenção de cumprir a impossível tarefa de abordar a totalidade desses fatos, com suas principais personagens, registra-se que a trajetória narrativa deste livro foi traçada a partir dos acontecimentos que, tradicionalmente, constituem a ossatura da cultura historiográfica dedicada ao período. Antes de tudo, porém, é fundamental avisar ao leitor que a História Moderna de que se irá tratar não representou qualquer forma de ruptura radical e absoluta em relação à Idade Média, sendo impossível datar, com precisão, o momento exato do encerramento de uma e o início da outra, o que, aliás, ocorre com todos os períodos em que se costuma dividir a História.

UMA LIÇÃO SOBRE HISTÓRIA SEM RUPTURAS

"A transição do espírito característico do declínio da Idade Média para o humanismo foi muito mais simples do que à primeira vista somos levados a supor. Habituados a opor o humanismo à Idade Média supomos muitas vezes que a adesão ao novo sistema implicou o repúdio do outro. É-nos difícil imaginar que o espírito pudesse cultivar as antigas formas de pensamento e de expressão medievais e aspirar ao mesmo tempo à visão antiga da razão e da beleza. Mas é assim mesmo que temos de conceber o que se passou. O classicismo não apareceu por súbita revelação; cresceu entre a vegetação luxuriante do pensamento medieval. Antes de ser uma inspiração o humanismo foi uma forma. E, por outro lado, os modos característicos do pensamento da Idade Média persistem durante muito tempo durante o Renascimento." (HUIZINGA, Johan. *O declínio da Idade Média*: um estudo das formas de vida, pensamento e arte em França e nos Países Baixos nos séculos XIV e XV. Trad. Augusto Abelaira. Lisboa: Ulisseia, s. d., p. 327.)

Por que, então, destacar o século XVI? Ora, para dar forma mais compreensível à História, os profissionais da área costumam agrupar e analisar fatos e acontecimentos em função de temas ou problemas, dispondo-os em arranjos temporais e geográficos específicos. É por essa razão que, ao observarmos uma obra de Leonardo da Vinci, por exemplo, imediatamente fazemos sua associação ao Renascimento – uma palavra que, isolada de exemplos e referências, não tem qualquer sentido ou parece estar relacionada ao retorno à vida de alguma coisa até então morta, já que renascer significa nascer *de novo*. Mais ainda, além de ligarmos o artista ao Renascimento, estendemos essa referência à Europa do final da Idade Média ou início dos tempos modernos e, mais especificamente, à Itália. Quanto à cronologia, a obra de Da Vinci ilustra a arte de um século XVI estendido, já que ele viveu entre 1452 e 1519, portanto, da segunda metade do século XV às primeiras décadas do XVI.

Essa aparente confusão dos historiadores, perdidos entre o início e o final de seus recortes cronológicos, é decorrência do fato de que o tempo histórico difere daquele do calendário, fazendo com que os acontecimentos escolhidos para contar a história de um período atravessem os limites mais rigorosos e limitadores das datas e até das fronteiras nacionais, como se verá na análise de alguns de nossos principais temas.

Este livro, por exemplo, tem na capa o nome *História Moderna*, referindo-se a um período que, no Ocidente, costuma ser datado entre a tomada de Constantinopla – atual Istambul – pelos turcos, em 29 de maio de 1453, e a deflagração da Revolução Francesa, a 14 de julho de 1789, quando começaria a História Contemporânea. Se essa divisão fosse tomada com rigor absoluto, seria possível afirmar que um bebê, nascido nos últimos minutos da noite de 28 de maio de 1453, começou a chorar na Idade Média, acalmando-se, apenas, no alvorecer dos tempos modernos... É por isso, também, que os historiadores recorrem a conceitos como *eras*, por exemplo, que permitem uma compreensão menos estreita da temporalidade histórica. Para o historiador francês Jacques le Goff, "as eras são em geral acontecimentos considerados como fundadores, criadores, com um valor mais ou menos mágico. [...] Tais acontecimentos são às vezes místicos, outras vezes históricos".

Aqui, optei por começar a História Moderna a partir da *era dos descobrimentos*, ou seja, das viagens da expansão e da conquista, um largo movimento histórico iniciado no século XV, mas que teve seu período áureo no século seguinte.

> **A PALAVRA "SÉCULO", UMA CONQUISTA EM MATÉRIA DE TEMPORALIDADE HISTÓRICA**
>
> "A palavra latina *saeculum* era aplicada pelos Romanos a períodos de duração variável, ligada muitas vezes à ideia de uma geração humana. Os cristãos, embora conservassem a palavra na sua antiga acepção, conferiram-lhe também o sentido derivado de vida humana, vida terrena, em oposição ao além. Mas, no século XVI, certos historiadores e eruditos tiveram a ideia de dividir os tempos em porções de cem anos. A unidade era bastante longa, a cifra 100 simples, a palavra conservava o prestígio do termo latino, e no entanto levou algum tempo a impor-se. O primeiro século em que verdadeiramente se aplicaram o conceito e a palavra foi o século XVIII: a partir daí, esta cômoda noção abstrata ia impor a sua tirania à história." (LE GOFF, Jacques. "Calendário". In: *Enciclopédia Einaudi*. Lisboa: Imprensa Nacional/Casa da Moeda, 1984, v.1: Memória/História, p. 286.)

O problema da ocupação e uso do espaço pelos homens, que tão bem caracterizou o mundo ocidental nos tempos finais da Idade Média, e que será utilizado para iniciar este livro, assumiu dimensões planetárias quando os europeus, barrados nas rotas tradicionais do Mediterrâneo fechadas pelos turcos, avançaram pelos espaços atlânticos. Esse largo movimento representa um dos principais sentidos do Renascimento, pois foi por meio das viagens da expansão e da conquista que o velho continente saltou de suas fronteiras para promover o "nascimento de Europas fora da Europa" – na feliz imagem concebida pelo historiador Jean Delumeau. Segundo esse autor, as viagens representaram, para a civilização ocidental, a vitória duradoura sobre o mar, e foi graças a essa conquista que a Espanha, Portugal e logo depois a Inglaterra, a França e a Holanda exportaram técnicas, livros e homens. Além disso, as viagens foram condição básica para a formação do mercado mundial capitalista, promovendo um novo e duradouro desenho das relações entre as várias regiões do planeta, dando à Europa a sua primazia universal, preservada durante séculos.

A conquista de Ceuta e as viagens subsequentes pela costa atlântica da África, no rumo sul, são sempre lembradas para indicar os momentos iniciais e decisivos do avanço dos portugueses na direção do Oriente. Foi no dia 25 de julho de 1415, em data indicada, por estudo das estrelas, pelo astrólogo judeu Yehuda ibn Yahia Negro, que os navios portugueses, tripulados por cerca de 20 mil homens, deixaram Lisboa para tomar Ceuta – "a flor de todas as Terras da África", como escreveu o cronista Zurara, 35 anos depois do acontecimento. Sob o comando do próprio rei D. João I, em 22 de agosto daquele ano, as forças lusitanas conquistaram Ceuta. O sucesso dos ibéricos, além de indicar sua superioridade bélica, deveu-se às divisões que minavam as forças políticas do reino de Fez, comandadas por um desprestigiado Abu Saíde, que em nada se parecia com seus enérgicos antecessores Merínidas, senhores do Marrocos desde o século XIII.

UMA IMAGEM DA CONQUISTA DE CEUTA

"Já passava de sete horas e meia depois do meio dia, quando a cidade foi de todo livre dos mouros. Muitos que se acercaram primeiramente naquelas lojas dos mercadores que estavam na rua direita, assim como entraram pelas portas sem nenhuma temperança nem resguardo, davam com suas facas nos sacos das especiarias, e esfarrapavam-nos todos, de forma que tudo lançavam pelo chão. E bem era para haver dor do estrago, que ali foi feito naquele dia. Que as especiarias eram muitas de grosso valor. E as ruas não menos jaziam cheias delas [...], as quais depois que foram calcadas pelos pés da multidão das gentes que por cima delas passavam, e de si com o fervor do sol que era grande, davam depois de si muito grande odor." (ZURARA, Gomes Eanes de. *Crónica da Tomada de Ceuta*, 1450. Apud MICELI, Paulo. "O rei, o besteiro e a fortaleza de papel". In: KARNAL, Leandro; FREITAS NETO, José Alves de. *A escrita da memória*: interpretações e análises documentais. São Paulo: Instituto Cultural Banco Santos, 2004, p. 123.)

Nas palavras do arabista português David Lopes, após a conquista, "na cidade começou a vida que sempre houve nos lugares de África. A nossa gente vivia nela como em ilha batida pelas ondas do mar, por vezes alterosas; era a guerra de todos os dias ao cristão infiel e intruso, como da nossa parte a guerra ao mouro inimigo da fé de Cristo, em tantos lugares da Terra, e para nós e os outros povos peninsulares, inimigo secular, desde a perda da Hispânia". Para além da questão religiosa, contudo, é preciso considerar que nem a Europa cristã nem o mundo muçulmano eram unidades consolidadas a ponto de sustentar a explicação simplista que se limita a opor um exército animado pelo espírito das Cruzadas a outro conduzido pelo fervor do *jihad* – a *guerra santa*.

A importância da conquista de Ceuta fica mais bem entendida se for considerado o fator geopolítico, pois nesta cidade e em Tânger estão localizadas as duas únicas bacias na porção norte do Marrocos que são frontais à Espanha, e foi dali que, setecentos anos antes, os mouros partiram para inaugurar sua duradoura presença na península Ibérica, começada no ano de 711. Naquele ano, um exército de cerca de seis mil homens, na maioria, berberes, teve a vitória facilitada pelas dissensões internas que minavam o domínio visigótico sobre a Hispânia. No comando das forças mouras estava Djâbal Târiq, a quem, graças a certo malabarismo linguístico, se deve o nome dado ao estreito de Gibraltar. Finalmente, convém acrescentar que Ceuta constituía uma espécie de miradouro natural, a partir do qual era possível vigiar a navegação que cruzava o estreito, tanto na direção do Mediterrâneo, quanto na do Atlântico.

Entretanto, para Portugal, a tomada de Ceuta resultou principalmente em problemas, pois os muçulmanos não tardaram a desviar seu comércio para outras rotas. Mais ainda, além de exigir elevadas despesas, o estado de guerra constante na zona ocupada impedia o cultivo dos campos e a produção de cereais. Assim, conquanto a tomada da cidade tenha sido tranquila para o Reino, mantê-la sob seu controle implicava sacrifícios pouco compensadores, que iam desde a criação de um imposto especial até a convocação de degredados, mediante a promessa de que teriam a pena comutada, após servirem na África por um curto período de tempo. Além disso, afora esses condenados, eram raros os portugueses que se animavam a arriscar a vida no combate ao "mouro infiel", o que dificultou sobremaneira o recrutamento de soldados para a fatídica tentativa de tomar Tânger, em 1437. Na batalha, D. Fernando, filho mais novo do rei D. João I, caiu prisioneiro do ressentido governante que perdera Ceuta em 1415, o que colocou a Coroa ante uma difícil escolha: devolver a cidade ou ver sacrificado o infante nas mãos do inimigo sedento de vingança?

Em Lisboa, dividiram-se as opiniões e, para azar do jovem aprisionado, venceram aqueles que teimavam em manter a cidade, com o que supunham ver preservada a honra do reino cristão. A saúde frágil de D. Fernando e a dureza do cativeiro acabaram por levá-lo à morte em 1443. O cadáver do infante foi transformado pelos mouros em macabro troféu, como narra David Lopes: "depois de arrancadas as vísceras e enchido de sal, murta e loureiro o seu corpo, foi este pendurado nas ameias da muralha de Fez, defronte do paço imperial, com as pernas atadas a uma corda presa na muralha e a cabeça para baixo. Quatro dias esteve ali exposto, nu, às vaias da população que o vinha escarnecer."

NOVOS RUMOS DA EXPANSÃO SOBRE O MARROCOS

"A derrota em Tânger fez esmorecer por um tempo o avanço português na África, apenas retomado depois que subiu ao trono o novo rei, D. Afonso V, quando o Marrocos voltou a ocupar lugar central na política portuguesa. Sob comando do Africano, como foi cognominado o monarca, os portugueses conquistaram Alcácer Ceguer, em 1458, e Arzila e Tânger, em 1471, quando, afinal, a ossada de D. Fernando – o Infante Santo – foi retirada da muralha de Fez e levada para sepultura no Mosteiro da Batalha. Estava aberto, assim, o caminho para a expansão levada a efeito nos reinados de D. João II e, principalmente, D. Manuel I, quando a política expansionista sobre o Marrocos atingiu seu auge." (MICELI, Paulo. "O rei, o besteiro e a fortaleza de papel". In: KARNAL, Leandro; FREITAS NETO, José Alves de. *A escrita da memória*: interpretações e análises documentais. São Paulo: Instituto Cultural Banco Santos, 2004, p. 125.)

Um dos portugueses mais famosos a servir em Ceuta, já em meados do século XVI, foi Luís de Camões, como se sabe a partir dos poucos dados que restaram sobre sua conturbada existência. Por ser filho de um servidor do rei, o poeta teve fácil acesso à vida palaciana, onde sua cultura e talento despertaram perigosas paixões, a começar por Dona Maria, filha do rei D. Manuel I e irmã de D. João III, mas envolvendo ainda Catarina de Ataíde, a dama da rainha. Por conta disso e das brigas em que se envolvia constantemente, o autor de *Os Lusíadas* teve de amargar um desterro de seis meses no Ribatejo, embarcando para Ceuta, como soldado raso, em 1549, ali ficando até 1551. No ano seguinte, como assinala sua mais conhecida imagem, já havia perdido o olho direito, em luta com os sarracenos, fato registrado por ele em sua "Canção autobiográfica":

> Agora, exprimentando a fúria rara
> de Marte, que cos olhos quis que logo
> visse e tocasse o acerbo fruto seu.
> (Canção X)

Enfim, enquanto a vida de Camões movimentava-se entre brigas, prisões e perdões reais – em meio dos quais compunha seu maravilhoso monumento literário, quase perdido em um naufrágio –, os portugueses estendiam seu império sobre extensa porção de terras e mares espalhados por toda a Terra.

Sobre as viagens quatrocentistas que os portugueses fizeram pelo litoral africano, após conquistarem Ceuta, há registros em mapas hoje desaparecidos, mas seus padrões podem ser conhecidos em cartas estrangeiras da época, especialmente italianas e alemãs, onde a trajetória lusíada foi detalhadamente registrada. Em 1434, pouco antes da derrota em Tânger, uma barca comandada por Gil Eanes conseguiu ultrapassar o cabo Bojador, abrindo as latitudes ao sul das Canárias à navegação portuguesa, deixando para trás medos que a Antiguidade e a Idade Média haviam criado, ante as dificuldades de vencer a grande barreira, depois da qual – temiam os viajantes – começava a Zona Tórrida, onde as águas do mar ferviam, tornando impossível a vida. Por isso, além de significar um marco importante na história da navegação, essa primeira passagem conhecida do Bojador foi também uma vitória contra o medo, ampliando consideravelmente os horizontes do conhecimento.

Do ponto de vista geográfico, as viagens forneciam informações indispensáveis para aprimorar o desenho da Terra e facilitar o deslocamento dos navios europeus pelas novas rotas oceânicas. Exemplar nesse sentido é a primeira carta náutica portuguesa assinada que se conhece, desenhada, no início da década de 1480, por Pedro Reinel. Nela, foram incluídos dados bastante próximos à sua feitura, resultantes das viagens que João de Santarém, Pero Escobar e Fernão do Pó fizeram ao golfo da Guiné, em 1471-1472. Além disso, trazia informações levantadas na primeira viagem de Diogo Cão (1482-1484), quando o navegador avançou pouco adiante do "capo de lobo" – cabo de Santa Maria, na atual República de Angola – e chegou ao rio Zaire (ou Congo), em cujas margens, em 1483, deixou gravadas na rocha as famosas inscrições de Ielala.

Uma das vitórias mais importantes conseguidas pelos navegadores portugueses sobre os obstáculos do litoral africano foi alcançada por Bartolomeu Dias, o primeiro a dobrar pelo mar largo o cabo das Tormentas, depois chamado da Boa Esperança. Dias partiu de Lisboa, em agosto de 1487, alcançando, em dezembro, o cabo do Padrão (Cape Cross, na atual Namíbia, a 22° S), até então limite das navegações portuguesas, alcançado por Diogo Cão em sua segunda viagem (1485-1486). Em janeiro de 1488, afinal, a esquadra de três navios comandada por Bartolomeu Dias ultrapassou o extremo austral da África, alcançando, no mês seguinte, as proximidades de Mossel Bay, na atual República da África do Sul. Daí, pressionado pela tripulação, assustada pelas extremas dificuldades da viagem, o navegador voltou a Portugal, retornando ao sul da África apenas em 1500, desta feita no comando de um dos navios de Cabral. Foi nesta segunda tentativa de vencer o cabo que ele encontrou a morte em um naufrágio.

Ao iniciar seu governo, em 1495, D. Manuel I deu sequência à política que seu antecessor, D. João II, adotara para a África, começando por consolidar as possessões portuguesas no Marrocos, para onde deslocou pessoas, armas e suprimentos. Além disso, elevou o soldo de seus capitães e soldados, disponibilizando generosos valores às confrarias das misericórdias locais. Para tanto, além dos rendimentos da alfândega de Arzila, o monarca valeu-se dos recursos que lhe ofereceram as cortes de Lisboa e as comendas da Ordem de Cristo, destinadas a fidalgos de sua escolha, sustentando, assim, suas campanhas na África, que resultaram na abertura do caminho marítimo para a Índia.

Assim, nove anos depois de Bartolomeu Dias vencer o cabo da Boa Esperança, em julho de 1497, partiram de Lisboa quatro navios comandados por Vasco da Gama. Em maio do ano seguinte, a esquadra aproximou-se de Calecute, inaugurando a chamada Rota do Cabo. A viagem de retorno a Portugal teve início no final de agosto, em época bastante desfavorável à navegação a vela, por conta do regime de ventos, que tinham de ser vencidos em sentido contrário. Na viagem de volta, dos cerca de 150 tripulantes que haviam partido de Lisboa, apenas um terço sobreviveu para levar ao Reino as duas embarcações que sobraram da expedição, as quais aportaram em Lisboa em julho e agosto de 1499.

Em 1500, a Coroa organizou a segunda viagem da carreira da Índia, entregando seu comando a um fidalgo da Ordem de Cristo chamado Pedralvarez de Gouvea – conforme aparece no alvará real, onde foi usado o sobrenome materno –, e que se tornaria mais conhecido como Pedro Álvares Cabral, em correspondência ao sobrenome paterno. Assim, sob o comando do pouco experimentado navegador, 13 navios partiram de Lisboa, em março de 1500, avistando terras no dia 22 do mês seguinte, conforme registrou o escrivão da esquadra, Pero Vaz de Caminha: "Neste dia, a horas de véspera houvemos vista de terra! Primeiramente dum grande monte, mui alto e redondo; e doutras serras mais baixas ao sul dele; e de terra chã, com grandes arvoredos: ao monte alto o capitão pôs nome – o monte Pascoal e à terra – a Terra da Vera Cruz."

O belo texto do escrivão anunciava a chegada oficial dos portugueses às terras da porção sul do Novo Mundo e a *hora de véspera* por ele referida corresponde – nas proximidades de 17 graus de latitude Sul – a um período que se estende das 15h até o pôr do sol.

> **AS HORAS CANÔNICAS**
>
> A hora de véspera corresponde a uma das sete partes do dia, dividido pelas horas canônicas: além de *véspera*, *matinas* e *laudes* (cantavam-se na segunda metade da noite), *prima* (cerca de 6h, quando nasce o Sol), *terça* (cerca de 9h), *sexta* (meio-dia), *noa* ou *nona* (15h). As últimas quatro têm as mesmas denominações que os judeus davam às diferentes partes do dia, começando pelo nascer do Sol.

A *Carta* de Caminha nada diz sobre um conhecimento prévio da Terra da Vera Cruz. Contudo, não foram poucos os pesquisadores que gastaram argumentos para discutir a intencionalidade ou casualidade do chamado *descobrimento* do Brasil. Pela natureza deste livro, não importa tratar detalhadamente da questão que, além de sua pouca importância, só se resolve pela escolha voluntária de uma ou outra alternativa. Contudo, não é inútil considerar aqui alguns aspectos do problema, pois eles podem dar dimensão aproximada das extremas dificuldades e incertezas que assinalaram o período das chamadas grandes navegações. Assim, para aqueles que submetem suas conclusões à letra do documento, o Alvará de D. Manuel I, de 15 de fevereiro de 1500, não deixa lugar para a dúvida: a frota tinha por destino a Índia, o que pode significar que a chegada a Porto Seguro teria sido *casual*.

Além do texto de Caminha – apesar de Cabral e outros terem escrito ao rei, relatando o encontro da Terra da Vera Cruz –, apenas dois outros testemunhos diretos da expedição de 1500 sobreviveram: a *Carta de Mestre João* e a *Relação do piloto anônimo*, mas nenhum deles menciona explicitamente a questão, também ausente dos fragmentos que sobraram das instruções que Vasco da Gama ditou para a viagem.

Pouco antes da viagem de Cabral, entretanto, em 1498, o navegador português Duarte Pacheco Pereira teria feito viagens pelo Atlântico ocidental, aproximando-se das latitudes equatoriais do Brasil atual, como deixou registrado em um trecho do seu livro *Esmeraldo de situ orbis*, divulgado alguns anos depois. No texto, Duarte Pacheco mencionou a existência de "uma grande terra firme, com muitas e grandes ilhas adjacentes [...] grandemente povoada". Entretanto, o original do livro foi perdido, juntamente com os mapas que o acompanhavam, desaparecendo com ele informações valiosas relativas ao antigo conhecimento geográfico do território sobre o qual seria *inventado* o Brasil.

Ao Alvará de D. Manuel I e ao texto de Duarte Pacheco podem ser acrescentadas as poucas, mas expressivas, palavras de mestre João Farras, autor de um dos documentos sobreviventes da expedição cabralina, no qual também não se registrou qualquer surpresa quanto ao *achamento* da Terra da Vera Cruz. Ao contrário, o cosmógrafo chegou a orientar D. Manuel I sobre a localização da terra, mencionando um mapa igualmente perdido, mas que pode atestar o conhecimento anterior à viagem de 1500: "Quanto, Senhor, ao sítio desta terra, mande Vossa Alteza trazer um mapa-múndi que tem Pero Vaz Bisagudo e por aí poderá ver Vossa Alteza o sítio desta terra; porém aquele mapa-múndi não certifica esta terra ser habitada ou não; é mapa-múndi antigo e ali achará Vossa Alteza escrita também a Mina."

Enfim, depois de passar alguns dias por terras equatoriais, a esquadra de Cabral tomou o caminho da Índia e chegou a Calecute, onde fez demonstração de força, ao que se acredita, para vingar-se do tratamento hostil que aí recebera Vasco da Gama em 1498. Com isso, além de unir, pela primeira vez de que se tem registro, quatro continentes (Europa, América, África e Ásia), a viagem representou a posse portuguesa – jamais admitida pacificamente pela Espanha e outras nações europeias – de todo o Atlântico sul, além do estratégico litoral africano aberto para o oceano Índico.

20 HISTÓRIA MODERNA

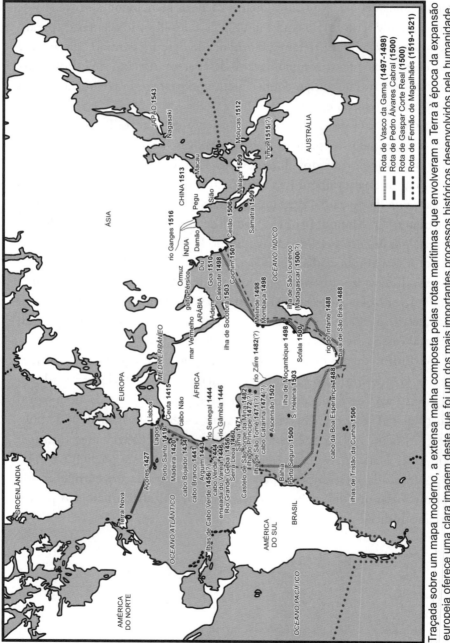

Traçada sobre um mapa moderno, a extensa malha composta pelas rotas marítimas que envolveram a Terra à época da expansão europeia oferece uma clara imagem deste que foi um dos mais importantes processos históricos desenvolvidos pela humanidade. Além de projetar o importante avanço pelo litoral africano, o mapa mostra como, em poucas décadas, as viagens acabaram abraçando todo o planeta, unindo quatro continentes (Europa, América, África e Ásia). (Barreto e Garcia, 1990: 20-1)

Quanto à atmosfera que envolveu, desde o início, a presença dos portugueses na Índia, iniciada pela viagem de Vasco da Gama e sua entrevista com o samorim, em maio de 1498, é suficiente registrar o que ocorreu três meses depois da instalação de cerca de cinquenta deles na feitoria de Calecute. A mando do governante hindu, a feitoria foi atacada e seus ocupantes, entre os quais Pero Vaz de Caminha, foram massacrados, ao que se conta, diante dos olhos de Cabral, ancorado nas proximidades.

Logo após a chegada a Lisboa do navio em que Cabral mandara os relatos noticiando o *descobrimento* de Vera Cruz – rebatizada pelo rei como Terra de Santa Cruz –, a Coroa pôs em ação seu plano de reconhecimento da nova terra. Assim é que, em maio de 1501, ao passar pela altura de Cabo Verde, na volta a Portugal, Cabral encontrou-se com uma armada de três navios, enviada por D. Manuel I para reconhecer a terra recém-descoberta. Há dúvidas sobre quem comandava a expedição, o que, aliás, tem pouca importância, mas é certo que nela esteve presente Américo Vespúcio. O navegador italiano era valorizado pelo rei por conta de suas relações comerciais com mercadores e banqueiros florentinos e pelo fato de que trabalhava para Lorenzo de Pier Francesco de Médici, primo-irmão de Lorenzo, o Magnífico, um dos membros mais iminentes da famosa família de que trataremos mais à frente. Enfim, Vespúcio assumiu, de fato, o comando da esquadra, devendo-se a ele – em correspondência às festas do calendário católico – a denominação dos lugares que foram sendo reconhecidos ao longo da costa brasileira, a começar pelo cabo de São Roque, avistado a 16 de agosto de 1501. Depois, avançando no rumo do sul, os navios passaram e nomearam, entre outros, o cabo de Santo Agostinho (28 de agosto), São Miguel (29 de setembro) o rio de São Francisco (4 de outubro), a baía de Todos os Santos (1º de novembro), a baía do Salvador (25 de dezembro), Angra dos Reis (6 de janeiro), a ilha de São Sebastião (20 de janeiro) e o rio de São Vicente (22 de janeiro), atingindo, a 2 de fevereiro, dia da Purificação da Virgem, o cabo de Santa Maria – nome que, depois, foi dado ao rio da Prata. Daí, no dia 15 do mesmo mês, voltaram a Portugal.

Enquanto os navios portugueses avançavam pela costa africana e sul-americana, a Espanha concentrava esforços para construir e desenvolver seu próprio projeto de expansão marítima, havendo indícios de que, desde pelo menos 1484, Cristóvão Colombo tentava convencer o rei de Portugal a patrocinar seu plano de chegar ao Oriente navegando na direção do Ocidente. Ante a recusa dos cosmógrafos portugueses de apoiar seus planos, quem sabe animados pelo sucesso da primeira viagem de Diogo Cão pelo litoral africano, o navegador procurou os reis da Espanha, com os quais se entrevistou em 1486, 1487 e 1489, enquanto seu irmão, Bartolomeu, viajava pela Europa – inclusive Portugal –, tentando obter apoio de algum monarca para o projeto de navegação ocidental, afinal aceito pelos *Reis Católicos*, Fernando e Isabel, em 1492.

A viagem de Colombo foi importante para promover a efetiva unificação geográfica da Terra, com todas as suas consequências, especialmente no que se refere à larga porção territorial logo submetida pela Espanha. Assim como aconteceu com Portugal, os espanhóis protagonizaram episódios que prolongaram seus efeitos, de modo inexorável, pela longa duração da conquista, como quando Hernán Cortez – presente na América Central desde 1504 – conquistou o Império Asteca para a Coroa espanhola, em 1519, o mesmo acontecendo com os incas de Atahualpa, vencidos por Pizarro, em 1532.

Outro grande desafio que os europeus enfrentaram, desde a chegada ao Novo Mundo, foi encontrar uma passagem que pudesse levá-los ao outro lado do continente para, daí, lançar-se ao Oriente, o que seria uma espécie de extensão do projeto de Colombo, inacabado por conta do *obstáculo geográfico* que encontrou à sua frente, em 1492: as ilhas e terras da porção central da América.

E foi, justamente, dessa região que partiu a expedição do primeiro europeu que teria avistado o oceano da costa oeste da América, o espanhol Vasco Núñes de Balboa. Nascido em 1475, aos 26 anos, Balboa embarcou para a América, na esquadra comandada por Rodrigo de Bástidas, explorando a costa da atual Colômbia e da região panamenha, onde, em 1511, participou da fundação de Santa María la Antigua del Darién, uma das mais antigas cidades fundadas pelos europeus no continente americano, tornando-se seu governador, por nomeação do rei Fernando.

A trajetória de Balboa na América foi sempre tumultuada, por conta de sua grande ambição, associada à cruel tenacidade com que perseguia seus sonhos de poder e riqueza. Mais ainda, empreendimentos fracassados resultaram principalmente em dívidas e inimizades e conta-se que chegou ao extremo de esconder-se em um barril para fugir dos credores.

Em 1513, depois de reconquistar significativa popularidade, graças a seus conhecimentos sobre o território e suas habilidades militares, Balboa cruzou o istmo do Panamá, atiçado pelas notícias de riquezas abundantes que enchiam os relatos indígenas sobre as costas para além das montanhas. Ao oceano afinal alcançado, Balboa deu o nome de *Mar del Sur*, tomando posse do lugar em nome do rei da Espanha. Já no ano seguinte à viagem, contudo, o monarca substituiu o desafortunado descobridor do Pacífico por Pedrarias Dávila, com quem as relações amistosas em certos momentos acabaram seriamente comprometidas, transformando-se em clara inimizade, até que o novo administrador acabasse por denunciar o ex-governador por traição, no que foi apoiado pelo conquistador do Peru, Francisco Pizarro. Preso e sumariamente julgado, Balboa foi decapitado em 15 de janeiro de 1519.

Embora algumas penetrações terrestres em busca do Pacífico tenham sido feitas, por exemplo, pelo rio da Prata, foi apenas na viagem de uma esquadra espanhola, realizada poucos meses após a execução de Balboa, entre setembro de 1519 e setembro de 1522, que os espanhóis alcançaram o estreito que incorporava o maior oceano da Terra às rotas da navegação europeia. Dessa vez, quem sabe em contraposição às extremas dificuldades enfrentadas pelos navegadores e ignorando o nome de Mar del Sur que lhe dera Balboa poucos anos antes, o oceano recebeu o nome de Pacífico, batizando-se de Magalhães o estreito, em homenagem ao comandante português da esquadra, Fernão de Magalhães, que, aliás, não chegou a completar a viagem de retorno à Espanha, pois morreu em batalha nas Filipinas, em 1521, quando o comando da expedição passou para Sebastián Elcano.

O diário da viagem que abriu o caminho para a circum-navegação da Terra foi escrito pelo italiano Antonio Pigafetta, o primeiro a registrar os gigantes de pés grandes – os patagões –, que afirmou ter visto na região que, por isso, recebeu o nome de Patagônia. No valioso texto, encontramos ainda o relato das dificílimas condições a que eram submetidos os navegadores nas demoradas travessias do período da expansão e da conquista.

> ### A DIFÍCIL VIDA DOS NAVEGADORES
>
> "Na quarta-feira, dia 28 de novembro de 1520, saímos do estreito [de Magalhães] para entrar no grande mar, ao qual em seguida chamamos de Pacífico, e onde navegamos durante três meses e vinte dias sem provar nenhum alimento fresco. Já não tínhamos mais nem pão para comer, mas apenas polvo impregnado de morcegos, que tinham lhe devorado toda a substância, e que tinha um fedor insuportável por estar empapado em urina de rato. A água que nos víamos forçados a tomar era igualmente pútrida e fedorenta. Para não morrer de fome, chegamos ao ponto crítico de comer pedaços de couro com que se havia coberto o mastro maior, para impedir que a madeira roçasse as cordas. Esse couro, sempre exposto ao sol, à água e ao vento, estava tão duro que tínhamos de deixá-lo de molho no mar durante quatro ou cinco dias para amolecer um pouco. Em seguida nós o cozinhávamos e comíamos. Frequentemente nossa alimentação ficou reduzida à serragem de madeira como única comida, posto que até os ratos, tão repugnantes ao homem, chegaram a ser um manjar tão caro, que se pagava meio ducado por cada um." (PIGAFETTA, Antonio. *A primeira viagem ao redor do mundo*: o diário da expedição de Fernão de Magalhães. Porto Alegre: L&PM, 1985, pp. 81-2.)

Essas dificuldades atingiam grande parte das viagens do período dos *descobrimentos*, mas não impediram que os navios avançassem pelos mares da Terra. Se tomarmos, em seu conjunto, as datas até aqui referidas, assinalando seu significado pelo mapa do mundo afinal conhecido, fica fácil perceber a intensidade dessa concentração de grandes episódios, em pouco mais de um século, para assinalar o início dos tempos modernos e orientar a representação do período de que trata este livro.

A UNIFICAÇÃO DA TERRA

Fonte: KIRCHER, Athanasius. *Mappa Fluxus et Refluxu Rationes in Isthmo America no Freto Magellanico, Caeteris que Ameriae Littoribus exhibens*, 1660.

O jesuíta Athanasius Kircher (1602-1680) escreveu livros sobre filologia, linguística, arqueologia e geologia, além de um curioso estudo sobre a construção da arca de Noé. Kircher também se dedicou, intensamente, à investigação das descobertas científicas de seu tempo, sendo de sua responsabilidade, por exemplo, a primeira descrição da lanterna mágica. No *Mappa Fluxus et Refluxu Rationes in Isthmo America no Freto Magellanico, Caeteris que Ameriae Littoribus exhibens*, Kircher traça o funcionamento das correntes que envolviam o Novo Mundo, com destaque para a região do estreito de Magalhães, o que fizera, com pioneirismo, em seu *Mundus Subterraneus*, editado em Amsterdã, em 1665.

ENQUANTO ISSO, NA EUROPA DO RENASCIMENTO...

Viagem após viagem, batalha após batalha, o Novo Mundo e outras partes da Terra foram sendo submetidos, militar e culturalmente, por espanhóis, portugueses e outros povos europeus. As mudanças, contudo, não atingiam apenas os que sucumbiam, embora sobre estes os efeitos do encontro fossem mais drásticos, já que as forças que se enfrentaram na longa guerra da conquista sempre foram muito desiguais, evidenciando os vencedores em todos os seus lances mais decisivos, especialmente aqueles relacionados ao imenso saque de riquezas, à escravização e ao extermínio das populações e de suas culturas.

Esse contato com o *outro*, entretanto, também afetou a sociedade europeia, atingindo suas principais formas de manifestação cultural e armando sobre os mares e os territórios recém-encontrados uma espécie de estrada de mão dupla, pela qual iam e vinham pessoas e informações. Em consequência, alteravam-se e criavam-se costumes e valores, produzindo-se novas formas de vida e cultura, por conta da ação nem sempre consciente das influências recíprocas, mas perceptíveis em alguns dos principais acontecimentos e movimentos que a Europa ocidental vivenciava e projetava para além de suas fronteiras. Tais fatores afetaram profundamente a história da humanidade, com efeitos que chegariam até nossos dias.

Algumas dessas influências, obviamente, são mais visíveis, como aquela representada pela imensidão das riquezas minerais extraídas dos domínios coloniais, imediatamente aproveitadas nas mudanças econômicas que redesenhavam o mapa da sociedade europeia, no final da Idade Média. Outras só podem ser percebidas no plano intangível da cultura, do que dá exemplo o *bom selvagem*, que ganhou lugar de destaque no pensamento de alguns dos principais filósofos e humanistas do período. Para ilustrar esse vasto intercâmbio, pode-se acrescentar, ainda, a prosaica rede de dormir, que o artesão calvinista Jean de Léry conheceu durante o convívio com os indígenas brasileiros, e que foi por ele utilizada em suas jornadas durante as sangrentas guerras religiosas, assim como os novos produtos integrados à culinária do velho continente.

Em síntese, importa perceber que o resultado mais evidente e duradouro das viagens do início dos tempos modernos foi a unificação da Terra, perceptível em todas as esferas da vida. Por conta disso, acontecimentos europeus deixaram de ser apenas europeus para atingir dimensões planetárias e as consequências dos fatos que atingiram o continente ao final da Idade Média foram sentidas do México ao Japão e China, de São Vicente a Timor-Leste, da África à América do Norte, de Machu Picchu à bacia de Paris.

Isso não significa que os fatos e acontecimentos tratados neste livro tenham o mesmo significado, a mesma amplitude e os mesmos resultados sobre todos os seus protagonistas e gerações futuras, pois a História submetida a quaisquer padrões de medição resulta empobrecida. Além disso, abordá-los em separado não neutraliza suas relações e imbricações na multiplicidade que caracteriza o tempo histórico, já que nenhuma instância das ações humanas pode ser isolada de modo absoluto. É que a explicação histórica, sempre à busca de clareza, costuma separar esses acontecimentos para tentar, ao final, produzir aquilo que os profissionais da área chamam de síntese, muitas vezes comprimida em algumas frases ou até, no limite do exagero, nas poucas letras de uma única palavra. "Renascimento" é uma delas. Insuficiente, mas insubstituível.

Uma facilidade de que vamos abrir mão aqui, entretanto, é considerar o Renascimento – uma palavra que quer dizer muito – algo que pode dizer tudo, ou a expressão de uma espécie de modelo que permitiria, por exemplo, encaixar personagens como Leonardo da Vinci, Michelangelo, Martinho Lutero, Thomas More, Maquiavel, François Rabelais, Giordano Bruno, Galileu e outros representantes da cultura renascentista em uma espécie de *gaveta conceitual* à qual se pregaria uma etiqueta classificadora: *homens do Renascimento*, ou *artistas e pensadores do Renascimento*. Está claro que a Mona Lisa, *O príncipe*, a estátua de Davi ou *A utopia* são obras representativas do Renascimento e do pensamento humanista, mas como polímata que era – um sábio de muitas e diversas habilidades –, o próprio Da Vinci, por exemplo, sentir-se-ia espremido em uma classificação dessa natureza, como é possível inferir da carta reproduzida a seguir em box, na qual ele se apresenta ao duque de Milão, Ludovico, o Mouro, oferecendo-lhe seus serviços.

LEONARDO DA VINCI POR ELE MESMO

"Meu Ilustríssimo Senhor, tendo visto e estudado já suficientemente os experimentos de todos os que se pretendem mestres e inventores de máquinas de guerra e constatado que as invenções e funcionamentos destes não diferem em nada daquelas comumente em uso, eu me esforcei, sem querer derrogar ninguém, para revelar a V. Exª os meus segredos e colocando-me também, para sua plena satisfação, à sua disposição para em tempo oportuno realizar com êxito todas as coisas que em parte são brevemente apontadas abaixo.

1. Conheço um modo de construir pontes bem leves, resistentes e fáceis de transportar, com as quais se possa perseguir o inimigo e, se for o caso, escapar dele; outras bem sólidas e resistentes ao fogo e aos ataques, aptas para se colocar e remover facilmente. Conheço ainda modos de incendiar e destruir as pontes do inimigo. [...]

4. Posso fazer também canhões muito práticos e fáceis de transportar, que lancem pedriscos, em forma semelhante a uma tempestade, e com a fumaça gerada se pode causar grande terror e confusão ao inimigo.

5. Se se tratasse de uma batalha naval, sei como fazer inúmeras máquinas eficientíssimas para o ataque e a defesa, e navios que resistem ao fogo potentíssimo de canhões, à pólvora e à fumaça.

6. Posso construir carros cobertos, seguros e indestrutíveis que, abrindo passagem entre os inimigos com as suas artilharias, acabariam com as tropas, por mais numerosas que fossem. [...]

7. Se necessário, posso construir canhões, morteiros e colubrinas de formas belas e práticas, diferentes das que se usam comumente. [...]

10. Em tempos de paz, creio que posso ser plenamente útil como qualquer outro arquiteto quanto à edificação de prédios públicos e particulares e no trabalho de levar água de um lugar para outro. Posso fazer esculturas em mármore, bronze e barro, e o mesmo em pintura, como faria qualquer outro, seja quem for.

Além disso, pode-se esculpir o cavalo de bronze, que será glória imortal e eterna honra da feliz lembrança do senhor seu pai e da ilustre casa dos Sforza."
(DA VINCI, Leonardo. "Epistolário". *Leonardo da Vinci*: obras literárias, filosóficas e morais. Edição bilíngue. Trad. Roseli Sartori. São Paulo: Hucitec, 1997, pp. 249-50.)

No valioso documento, Da Vinci se apresenta, em primeiro lugar, como uma espécie de engenheiro militar, hábil construtor de máquinas para a guerra, armamentos de grande poder de fogo, carros e navios com imensa capacidade de ataque e defesa. Se os tempos fossem de paz, poderia planejar e edificar prédios públicos e particulares, além de sistemas de irrigação. Finalmente, como para consolar nossa visão estabelecida e superficial sobre ele, afirma suas habilidades como escultor e pintor, especialmente dotado para imortalizar a memória da casa dos Sforza, seus mecenas.

O próprio Leonardo, na verdade, encarregou-se de fortalecer a imagem de artista com que se tornou reconhecido em vida e conhecido pelos séculos afora, conforme se pode ler no elogio que aparece no *Tratado da pintura*, coletânea de textos de Da Vinci, editada logo após sua morte por Francesco Melzi, seu aprendiz, companheiro e herdeiro.

O PINTOR É SENHOR DE TODAS AS PESSOAS E COISAS

"O pintor é amo de todas as coisas que possam passar pelo pensamento humano, porque se ele sente o desejo de contemplar belezas que o encantem, é senhor de sua criação, e se quer ver coisas monstruosas, que espantem ou que sejam grotescas e risíveis, ou despertem compaixão, pode ser amo e criador delas. Se quer criar lugares desertos, ambientes sombrios ou frescos em tempo de calor, ele os representa, e do mesmo modo lugares quentes em tempo de frio. Se quer ver a ampla campina desde o alto dos montes e se, depois disso, deseja contemplar o horizonte do mar, ele pode fazê-lo. [...] Tudo o que está no universo em sua essência, em presença ou na imaginação, ele o tem, primeiro, na mente e em seguida nas mãos, e elas são tão excelsas que criam uma formosa harmonia a um só olhar." (*Trattato della Pittura di Leonardo da Vinci:* condotto sul Cod. Vaticano Urbinate 1270. Carabba Editore, 1947, p. 27. Disponível em: <http://www.liberliber.it/biblioteca/licenze/>. Acesso em: 16 ago. 2013.)

Para justificar a afirmação de que Da Vinci teve o reconhecimento dos próprios contemporâneos, é suficiente lembrar o que sobre ele escreveu o pintor e arquiteto italiano Giorgio Vasari (1511-1574), com justiça, considerado o primeiro historiador da arte. No livro *Vidas dos mais excelentes arquitetos, pintores e escultores*, editado em Florença pouco depois da morte do criador da Mona Lisa, Vasari atribuiu sua genialidade a "influências celestes", que, ao fazerem chover dons elevados e incomensuráveis sobre seres humanos, acumulam em um só homem "a beleza, a graça, o talento, de tal modo que cada um de seus gestos é tão divino que faz esquecer todos os outros homens", revelando, enfim, uma origem que é divina e nada deve ao esforço humano.

Apesar de enaltecer Leonardo da Vinci, em meio aos quase trezentos artistas cuja vida e obra colecionou em sua extensa obra, a atenção de Vasari concentrou-se, especialmente, no florentino Michelangelo Buonarroti (1475-1564), que, juntamente com Rafael Sanzio, foi um de seus principais inspiradores. A ele, Giorgio Vasari dedicou extensa biografia (*Vida de Michelangelo: pintor, escultor e arquiteto*), apresentando o artista como um espírito superior que Deus enviou ao mundo para redimi-lo com a perfeição da arte do desenho, a filosofia moral e a poesia. Não é exagero afirmar que a celebração universal de Michelangelo – que encarnou, por assim dizer, os ideais estéticos e morais de Vasari – é devida, em grande parte, à sua *Vita de Michelangelo*. Chamado de "pessoa divina" pelo biógrafo, o genial e genioso artista transformava-se em herói espiritual, representando autêntico *alter deus*, conforme a expressão cunhada por Leon Battista Alberti para designar o artista. A obra de Michelangelo seria, assim, supra-histórica; em suma, insuperável, como escreveu Vasari: nenhum artista, por excepcional que seja, poderia alguma vez ultrapassar esta obra no desenho ou na graça; "Michelangelo só por si próprio pode ser vencido".

ANÕES EM OMBROS DE GIGANTES...

Uma ideia comumente associada ao Renascimento é aquela que o define como um período de (re)vivificação dos valores da cultura clássica greco-latina. Diante dos antigos – os gigantes –, os letrados do Renascimento seriam uma espécie de anões, apesar de lhes estar facultada a possibilidade de escalar os ombros dos antecessores para poderem enxergar mais longe. O humanista espanhol Juan Luis Vives (1492-1540) condenou essa classificação, afirmando que nem os homens de seu tempo eram anões, nem os antigos eram gigantes. Ao contrário, os homens do século XVI, graças aos antigos, seriam até mais cultos. No século seguinte, um padre italiano chamado Secondo Lancellotti chegou a fundar uma seita dos louvadores do presente, no que foi acompanhado, logo depois, pelo sacerdote e astrônomo francês Pierre Gassendi (1592-1655), que se aproximou da consideração de Vives, embora recomendasse respeitosa cautela na comparação.

Na Itália do Renascimento, "*antico*" (= antigo) invocava uma era distante no tempo e, ao mesmo tempo, exemplar, cujo valor mágico e inspirador aproximava a história da mistificação, como se pode ler nas citações que ilustram o verbete "*antico*" no *Grande dizionario della lingua italiana*, que Nicolò Tommaseo e Bernardo Bellini editaram no século XIX: enquanto Ariosto valorizava a "grande bondade dos cavaleiros antigos" (*"Oh! Gran bontà de' cavallieri antiqui!"*), Giorgio Vasari distinguiu uma "maneira antiga" de criação – que durou até meados do século XIII – de uma "maneira moderna", que tinha em Giotto seu ponto culminante. Além disso, esse admirador de Michelangelo destacava a arquitetura que, em todas as partes, imitava os antigos: "*È di bellissima architettura in tutte le parti, per avere assai imitato l'antico.*"

Essa oposição entre antigo e moderno, no Renascimento, não punha em confronto o passado e o presente, mas duas formas de progresso: o circular, que celebrava o antigo (o eterno retorno), e o linear, que se desviava da Antiguidade. Para ser valorizado, o moderno deveria imitar o antigo, através do qual seria exaltado, como escreveu François Rabelais: "Agora todas as disciplinas foram restituídas". Ainda na França, Perrault (1628-1703) comparou a época de Luís XIV, o chamado *Rei Sol*, ao século de Augusto:

> A bela antiguidade foi sempre venerável,
> Mas não creio que fosse ela adorável.
> Eu vejo os antigos, sem dobrar os joelhos,
> Eles são grandes, é verdade, mas homens como nós
> E podemos comparar, sem cometer injustiça,
> O século de Luís ao século de Augusto.

Décadas depois, o filósofo e teólogo francês Nicolas Malebranche escrevia em sua *Procura da verdade* (1674-1675) que "o mundo está dois mil anos mais velho e tem mais experiência do que no tempo de Aristóteles e de Platão". Finalmente, em meados do século XVIII, no livro *A filosofia aplicada a todos os objetos do espírito e da razão*, o abade Jean Terrasson afirmava que "os modernos são em geral superiores aos antigos: esta proposição é ousada no seu enunciado e modesta no seu princípio. É ousada, na medida em que ataca um velho preconceito; é modesta, na medida em que faz compreender que não devemos a nossa superioridade à medida própria do espírito, mas à experiência adquirida com os exemplos e as reflexões que nos precederam".

Nos tempos atuais, nenhum historiador considera, seriamente, a possibilidade de comparar, medindo, culturas e civilizações, estabelecendo formas de hierarquia entre elas e atribuindo-lhes escalas de superioridade ou inferioridade. Aliás, ao longo da história, foram considerações dessa natureza as principais responsáveis pela discriminação, escravização e eliminação, pela força, daqueles que os autoproclamados *superiores* consideravam *inferiores*. Por isso, é importante observar criticamente a história, começando por descartar a linearidade que assinalaria a caminhada temporal da humanidade rumo ao progresso e a formas cada vez mais elevadas de vida social.

O século XVI, por exemplo, é sempre considerado o marco fundamental para a edificação dos tempos modernos, e disso dão testemunho os acontecimentos narrados até agora neste livro. Entretanto, em que pese o entusiasmo com que foram ou ainda são considerados para atestar a superioridade de seus protagonistas em relação a toda a história precedente, é interessante observá-los a partir de algumas reflexões que Voltaire (1694-1778) incluiu em seus *Ensaios sobre os costumes*. Para ele, o início do século XVI oferece "os maiores espetáculos que o mundo jamais viu". Entretanto, lembrava o filósofo, o avanço da razão ficara comprometido pelas guerras religiosas, que "agitaram os espíritos na Alemanha, no Norte, em França e na Inglaterra", o que lhe permitiu questionar até se fora vantajoso para a Europa transportar-se à América. Em síntese, para ele, restava saber se o crescimento do comércio tinha valor suficientemente elevado "para compensar a perda de tantos homens".

Por tudo isso, como sintetizou o historiador Jean Delumeau, o Renascimento representa "um oceano de contradições", marcado, ao mesmo tempo, pelo "desejo de beleza" e por um desejo doentio do horrível, misturando sentimentos de pureza e de sensualidade, de caridade e de ódio.

A DESCOBERTA DO MUNDO, A DESCOBERTA DO HOMEM

Foi o historiador romântico francês Jules Michelet (1798-1874) quem usou pela primeira vez, em 1855, o termo *Renascimento* para nomear o vasto movimento que resultou na "descoberta do mundo e do homem", dedicando ao tema o sétimo volume de sua monumental *História da França*, editada, completamente e em definitivo, postumamente em 1893. Para ele, as profundas mudanças que atingiram a história da humanidade foram sentidas, principalmente, a partir do século XVI, que "em sua grande e legítima extensão, vai de Colombo a Copérnico, de Copérnico a Galileu, da descoberta da terra à descoberta do céu". Poucos anos depois, em 1860, o suíço Jacob Burckhardt (1818-1897) também aplicou o conceito *Renascimento*, entendendo-o, porém, como uma espécie de renascimento da humanidade que, após libertar-se dos "grilhões" da Idade Média, afinal, veria despertada uma forma nova – e moderna – de consciência. Obviamente, essa visão de Idade Média como um longo período de decadência já foi devidamente sepultada pelos historiadores, mas o livro *A cultura do Renascimento na Itália* tem méritos inegáveis que permitem considerá-lo, sem exagero, como uma das principais obras historiográficas representativas da História Cultural. Também, foi em função desse interesse que o autor criou em Basileia, em 1886, a cadeira de História da Arte. Além disso, para o que interessa diretamente a este livro, as imagens paradigmáticas que Burckhardt criou sobre o Renascimento praticamente impossibilitam tratar do tema sem considerá-las.

A ele deve-se, ainda, grande parte do reconhecimento da importância da arte para o estudo da história, o que lhe rendeu muitas críticas dos historiadores metódicos ou positivistas, além dos hegelianos, para os quais as manifestações sociais, incluindo a cultura, achavam-se submetidas ao Estado. Contra essas ideias, o grande historiador escreveu que seu "intento seria aquele de considerar o Renascimento como pátria e origem do homem moderno, seja no que diz respeito ao modo de pensar e sentir, seja no que tange ao mundo das formas", afirmando ser "possível tratar estas duas grandes temáticas de modo oportunamente paralelo, fundindo a história da civilização com a história da arte". Essas escolhas, manifestadas, assumidas e desenvolvidas pelo autor de *A cultura do Renascimento na Itália*, colocaram-se em choque direto com as tendências dominantes da historiografia do século XIX, à exceção apenas de Jules Michelet.

Assim como outros historiadores que viveram em tempos muito difíceis – por exemplo, Marc Bloch, Lucien Febvre e Fernand Braudel, durante a ocupação nazista na França de Vichy –, Burckhardt interessou-se por tempos remotos, para compensar a desilusão com que contemplava sua época. Para ele, o poder, representado principalmente no Estado, era um mal que deveria ser evitado, o que não era fácil em um tempo de consolidação dos Estados nacionais. A história, portanto, poderia lhe oferecer uma espécie de refúgio, como declarou em confidência feita a um amigo, em 1846, cerca de um mês antes de viajar para a Itália. Na carta, ele confessava seu desejo de esconder-se de todos: "radicais, comunistas, industriais, doutos, ambiciosos, reflexivos, abstratos, absolutos, filosóficos, sofistas, fanáticos do Estado, idealistas – *ais* e *istas* de todos os gêneros!"

Essa fuga por meio da história não significava o abandono da vasta bagagem cultural acumulada pelo próprio historiador, responsável por preferências e compromissos de toda a ordem, mas, em uma época em que os profissionais da área deveriam se limitar a extrair dos documentos, especialmente os diplomáticos, *a história tal qual aconteceu* – como propunha a cartilha dos chamados historiadores metódicos –, não é difícil imaginar o impacto que a confissão com que abriu sua obra à curiosidade dos leitores deve ter provocado, especialmente, ao afirmar a importância da sensibilidade que inspira e condiciona cada historiador no tratamento de seus temas e problemas.

> **O RENASCIMENTO E SUAS REPRESENTAÇÕES**
>
> "Para cada um, os contornos de uma dada época cultural podem apresentar um quadro diferente; e, ao estudar uma civilização que é a mãe da nossa, e cuja influência ainda está ativa entre nós, é inevitável que o julgamento e o sentimento individual atuem a todo momento. Nesse amplo oceano no qual nos aventuramos, são muitos os meios e direções possíveis; e os mesmos que serviram para esta obra poderiam facilmente, noutras mãos, não só receber tratamento e aplicação totalmente diferentes, como levar a conclusões essencialmente diversas." (BURCKHARDT, Jacob. *A cultura do Renascimento na Itália*. Trad. Sérgio Tellaroli. São Paulo: Companhia das Letras, 2006, p. 3.)

De acordo com Burckhardt, o Renascimento caracterizou-se por ser um período em que a cultura – por ele entendida, essencialmente, como a chamada cultura da elite – teria se sobreposto tanto ao Estado quanto à religião, que eram elementos opressores, respaldando, assim, o nascimento e valorização do indivíduo moderno. Diferentemente da Idade Média, segundo o autor, quando o homem só tinha consciência de si na condição de membro de um povo, de uma raça, de uma família ou corporação, na península italiana foi possível tornar-se um indivíduo espiritual, que se reconhecia e pensava como tal.

Na Itália, a luta entre os papas e os descendentes da dinastia dos Hohenstaufen criou uma situação política peculiar e bastante diferente da de outros países do Ocidente, já que o papado, com seus prepostos e aliados, embora fosse forte o suficiente para prejudicar a unidade nacional, não o era para promover essa unidade. Enfim, na política italiana, Burckhardt encontrou "pela primeira vez o moderno espírito político da Europa, entregue livremente a seus próprios instintos, revelando muitas vezes as piores feições de um egoísmo desabrido, ultrajante a todos os direitos, e matando cada germe de uma cultura mais saudável. Mas, sempre que essa tendência maléfica era superada, ou de alguma forma compensada, um fato novo aparecia na história – o Estado resultante da reflexão e do cálculo, o Estado como obra de arte".

Desse modo, à diferença do que acontecia na Europa setentrional – onde a liberalidade dos príncipes ficava restrita aos cavaleiros e à nobreza que os serviam e louvavam –, na Itália as coisas se passavam de outro modo e foi essa diferença, justamente, a responsável pelo surgimento dos mecenas, que desempenharam papel fundamental para a animação cultural do Renascimento: "com sua ânsia de fama e sua paixão pelas obras monumentais, era do talento, e não do nascimento que [o déspota italiano] precisava. Na companhia do poeta e do sábio sentia-se numa nova posição, quase na posse de uma nova legitimidade".

É por isso que uma das aproximações mais imediatas que se faz ao observarmos o Renascimento é aquela que leva o príncipe e o papado a valorizarem e financiarem os artistas, como fez, por exemplo, o papa Júlio II em relação a Michelangelo, que, a despeito de seu gênio terrível – a famosa "*terribilità*" do artista –, teve no persistente pontífice seu valioso mecenas. Embora haja diferenças significativas para justificar o patrocínio da criação (um túmulo suntuoso, uma escultura magistral ou o teto magnificamente decorado de uma igreja, com suas torres apontadas na direção do céu), a glória e a fama pareciam suplantar a angustiante efemeridade da vida terrena, ou, pelo menos, edificar novas e duradouras formas de legitimidade. Enfim, se pelas veias de mármore de um Davi não corria o sangue que distingue a humanidade de suas obras materiais, a *vida* que lhe fora transmitida pelo gênio de Michelangelo também podia produzir a ilusão de que o herói bíblico estava ali presente para proteger o *pai* que nutrira seu criador.

O Estado como obra de poder e arte

MAQUIAVEL E O PODER DO PRÍNCIPE

A atuação política dos príncipes renascentistas tem sido um dos temas mais frequentes dos estudos históricos e biográficos dedicados ao período. Enquanto no restante da Europa as monarquias nacionais em formação atuavam no sentido da unificação, a fragmentação da península representou uma das principais características da história da Itália renascentista, marcada pelas disputas territoriais e pelas alianças com forças estrangeiras. É nesse universo que se projetou a figura individualizada dos governantes, apenas rivalizada pelo papado, o que levou muitos deles a ocupar o trono de Roma ou, pelo menos, a estabelecer fortes alianças com seus ocupantes.

O primeiro e mais importante livro a pôr em destaque a figura do príncipe renascentista foi escrito, em 1513, por Nicolau Maquiavel e teve sua primeira edição em 1532. Desde sua publicação,

O príncipe tem sido considerado um dos textos mais importantes do pensamento político, mas sua compreensão depende de inseri-lo no tempo e nos ambientes socioculturais em que viveu Maquiavel e de onde lhe vieram suas principais influências: a Itália do Renascimento. Foi ali que o autor nasceu, em 1469, em uma das cidades italianas mais importantes do período, Florença. Incentivado pelo ambiente doméstico, Maquiavel desenvolveu estudos históricos e jurídicos, além de apurado gosto literário, o que aparece nitidamente em seus escritos. Aos 25 anos de idade, assistiu à deposição de Piero de Médici e à instauração do governo republicano na cidade, regime pelo qual nutriu imediata e profunda simpatia, especialmente depois de assumir o cargo de secretário da República, iniciando sua curta carreira política e diplomática, em meio às complicadas disputas territoriais que havia na península. Em uma delas, o papa Júlio II, inicialmente decidido a recuperar terras pontifícias ocupadas pelos venezianos, mudou de posição e, aliando-se a Veneza, à Espanha e ao Sacro Império Românico-Germânico, pôs-se em guerra contra a França, o que acabou resultando na anexação do território florentino, no fim da República e no retorno dos Médici ao poder.

Por conta dessa reviravolta, a carreira política de Maquiavel entrou em decadência. Em 1513, preso e torturado sob suspeita de participar de um complô contra os Médici, depois de provar inocência, exilou-se, voluntariamente, em propriedades da família, e foi aí que escreveu *O príncipe*. A obra foi dedicada a Lorenzo de Médici, com o que o ex-secretário esperava reabilitar-se politicamente, mas acabou ignorada pelo potentado. Maquiavel passou, então, a dedicar-se à literatura, dando a público, por exemplo, a peça *Mandrágora*, que, embora escrita por volta de 1503, só foi publicada em 1524, um ano antes de Maquiavel enviar ao papa suas *Histórias florentinas*, em que propunha, entre outras coisas, a formação de uma milícia nacional, destinada a enfrentar as constantes invasões de exércitos estrangeiros na península itálica. Por conta disso, analistas mais apressados chegaram a considerar Maquiavel o primeiro defensor da ainda longínqua unificação italiana. E mesmo que essa obra tenha devolvido a Maquiavel, dois anos antes da morte, certo prestígio político, sua imagem já estava inexoravelmente associada a seu livro mais famoso e ao suposto elogio da tirania dos príncipes, a quem cumpria – independentemente de quaisquer valores e compromissos éticos e morais – manter o poder.

Ao longo dos séculos, *O príncipe* tem sido um dos livros mais lidos de toda a história. Editado e reeditado em diversos países e muitas línguas, a obra de Maquiavel, pode-se dizer, sofreu uma espécie de envelhecimento saudável, especialmente por tratar de questões que nunca perderam a atualidade. Para melhor apreender essa espécie de contemporaneidade de *O príncipe*, basta substituir o personagem-título por entidades políticas detentoras de poder social, independentemente de seus nomes e aparelhos jurídico-administrativos, sejam os ditadores e chefes de Estado plenipotenciários, sejam os caudilhos ou líderes de partidos únicos, sindicatos todo-poderosos e impessoais burocracias estatais.

"Os fins justificam os meios" – é esta uma das afirmações mais comumente associadas a Nicolau Maquiavel. Dito de outro modo, isso foi entendido como se, para alcançar os objetivos, qualquer ato criminoso seria justificável, o que alguns intérpretes de superfície estenderam a todos os indivíduos e todas as situações existenciais. Entretanto, apesar de seu poder impactante e de sua propagação pelo senso comum, a ideia não aparece formulada dessa maneira nas páginas do famoso livro. Aliás, ao florentino também estão associadas as palavras *maquiavelismo* ou *maquiavélico*, para designar tramas e armações praticadas por pessoas condenáveis do ponto de vista ético: um ser maquiavélico, sabemos, é alguém de quem devemos manter cuidadosa distância...

O resultado dessas divergências interpretativas é que, ao longo do tempo, a crítica a Maquiavel vem se dividindo em duas posições preponderantes. Para uns, seu pensamento deveria ser condenado, à medida que, em política, os fins jamais deveriam justificar os meios, mesmo se admitirmos que, conquistado o poder, a tarefa mais importante de qualquer governante seria mantê-lo a qualquer custo. Para outros, suas considerações precisariam ser interpretadas nas entrelinhas, pois o autor nada mais fez do que mostrar, ironicamente, o que os príncipes fazem de fato, não o que afirmam ou deveriam fazer para a segurança do Estado e o bem de seus súditos. Rousseau, por exemplo, em uma nota ao *Contrato social*, ponderou que Maquiavel era um homem "bom e honesto", amante da liberdade, mas não podia expressar esse sentimento devido à proximidade com os Médici.

Obviamente, uma análise mais adequada do livro de Maquiavel exigiria considerá-lo em sua totalidade, o que foge aos objetivos deste livro. Além disso, a erudição histórica do autor recomendaria uma análise orientada dos muitos exemplos de autores antigos e situações históricas que ele usou na obra. Entretanto, a linguagem clara com que foi composto o livro e a atualidade das questões nele abordadas tornam fácil sua leitura, como pode ser exemplificado no excerto posto no box a seguir, em que Maquiavel aborda uma questão crucial para qualquer governante: ser amado ou ser temido pelos governados?

DA CRUELDADE E DA PIEDADE – SE É PREFERÍVEL SER AMADO OU TEMIDO

"Responder-se-á que se queria ser uma e outra coisa; como, entretanto, é difícil reunir ao mesmo tempo as qualidades que levam àqueles resultados, muito mais seguro é ser temido que amado, quando seja obrigado a falhar numa das duas. Porque os homens são em geral ingratos, volúveis, dissimulados, covardes e ambiciosos de dinheiro, e, enquanto lhes fizeres benefícios, estão todos contigo, oferecem-te sangue, bens, vida, filhos, como antes disse, desde que estejas longe de necessitares de tudo isto. Quando, porém, a necessidade se aproxima, voltam-se para outra parte. E o príncipe, se apenas confiou inteiramente em palavras e não tomou outras precauções, está arruinado. Porque as amizades que se conseguem por interesse e não por nobreza ou grandeza de caráter, são compradas, não se podendo contar com as mesmas no momento preciso. E os homens hesitam menos em ofender aos que se fazem amar, do que àqueles que se tornam temidos, por ser o amor conservado por laço de obrigação, o qual é rompido por serem os homens pérfidos sempre que lhes aprouver, enquanto o medo que se infunde é alimentado pelo temor do castigo, que é sentimento que jamais se deixa. Deve, pois, o príncipe fazer-se temido de modo que, se não for amado, ao menos evite o ódio, pois fácil é ser ao mesmo tempo temido e não odiado, o que acontecerá desde que se abstenha de se apossar dos bens e mulheres de seus cidadãos e súditos, e, ainda que obrigado a verter o sangue de alguém, só poderá fazê-lo havendo justificativa e causa manifesta. Deve, principalmente, abster-se de aproveitar os bens alheios, pois os homens olvidam mais rapidamente a morte do pai do que a perda do seu patrimônio. Além do mais, não faltam jamais oportunidades de saquear o que é dos outros, e aquele que principia vivendo de rapinagens sempre as encontra, o que já não acontece quanto às oportunidades de derramar sangue.

Quando, porém, o príncipe está em campanha e comanda grande número de soldados, então é inteiramente preciso não se preocupar com a fama de cruel, pois, sem ela, jamais se conseguirá conservar um exército unido e disposto a qualquer ação." (*O príncipe*. Trad. Roberto Grassi. Rio de Janeiro: Civilização Brasileira, 1969, capítulo XVII, pp. 102-3.)

A FAMÍLIA MÉDICI – MECENAS E COLECIONADORES

O livro *Ascensão e queda da casa dos Médici: o Renascimento em Florença*, escrito pelo biógrafo e historiador inglês Christopher Hibbert (1924-2008), é de grande valia para melhor visualizar os ambientes socioculturais da Itália renascentista. A grande formação literária de Hibbert contribuiu para a elaboração de um texto de leitura agradável e, a despeito das sólidas bases documentais em que está assentado, muito parecido com a intriga de um bom romance. Não é difícil, por exemplo, imaginarmos Veneza como "uma cidade de praças e torres; de ruas movimentadas, estreitas e tortas; de palácios semelhantes a fortalezas, com maciças paredes de pedra e balcões salientes; de velhas igrejas com fachadas revestidas de desenhos geométricos em preto e branco e em verde e rosa; de abadias e conventos, hospitais e cortiços abarrotados; e, envolvendo tudo, uma alta muralha de tijolo e pedra, além da qual se estendia o campo em direção a verdes colinas".

Florença, por sua vez, quando do apogeu da família Médici, contava com cerca de 50 mil habitantes. A cidade era a capital da cultura e da moda na Itália e na Europa, e em que pesem as normas que proibiam o luxo, os florentinos que estivessem em condições de burlá-las faziam-no de maneira direta e escancarada, especialmente quando se tratava da culinária: "Se o prato principal devia ser apenas 'assado e torta', bem, enfiava-se na torta tudo que se desejava, desde carne de porco e presunto, até ovos, tâmaras e amêndoas. A um convidado ilustre, um cidadão abastado podia oferecer primeiro melão, depois raviólli, tortellini ou lasanha, a seguir um berlingozzo – o bolo de farinha, ovos e açúcar – algumas fatias de capão cozido, galinha assada e galinha-d'angola, vitela, ou gelatina de porco, tordos, enguia ou truta, cabrito cozido, pombo, perdiz, rola ou pavão."

À época, os cidadãos de Florença estavam agrupados em 21 guildas. As 7 maiores eram as guildas dos advogados, dos mercadores de lã, dos banqueiros, dos médicos, dos boticários, dos lojistas e dos negociantes e artesãos que trabalhavam com couro de animais. As guildas menores reuniam os profissionais mais humildes: açougueiros, curtidores, peleteiros, ferreiros, cozinheiros, pedreiros, carpinteiros, vinhateiros, alfaiates, padeiros e armeiros. De todos eles, contudo, os de maior prestígio eram os mercadores, já que "florentino que não é mercador, que não viajou pelo mundo, vendo países e povos estrangeiros, e depois não voltou a Florença com alguma riqueza, é um homem que não goza de estima". Por isso, o mercador enriquecido deveria ostentar sua fortuna, morando em casas grandes, vestindo-se bem e fazendo doações e empréstimos à Igreja e à cidade.

Além disso, o mercador deveria envolver-se, de alguma forma, com a política, já que a família que não tivesse seu nome constando nos anais da política florentina vivia em estado de ostracismo. Florença era regida pela *Signoria*, um grupo de nove homens eleitos a cada dois meses para governar a cidade. Os eleitos eram chamados *Priori*, sendo que seis representavam as guildas maiores e dois as guildas menores. O nono eleito era o *Gonfaloniere*, que governava, temporariamente, a República, além de responder pela guarda do estandarte da cidade. No que se refere à política externa, a *Signoria* subordinava-se a outros dois conselhos eleitos, os *Collegi*, um de doze e outro de dezesseis homens. Em situações especiais, funcionavam em Florença outros conselhos, igualmente eleitos, como os Dez da Guerra ou os Oito da Segurança.

O ESTADO COMO OBRA DE PODER E ARTE   43

No que se refere ao Renascimento, em geral, e à história da arte, em particular, o século xv viu florescer na Itália o chamado *Quattrocento*. A força econômica de Florença – embora ameaçada por Milão e Nápoles – permitia ao grande centro do Renascimento italiano manter sua primazia regional, sustentada por mecenas como Lorenzo de Médici. Além de Florença, a arte do *Quattrocento* também teve grande impulso em Veneza e outras regiões da Itália, igualmente representadas no mapa, como Roma, Perugia, Urbino, Pádua e Mântua.

Nessa Florença renascentista, destacou-se a família Médici, que, aliás, não era uma das mais antigas e tradicionais da cidade. Sobre sua origem, há diversas histórias e lendas, uma das quais está relacionada a Averardo, um cavaleiro que teria lutado sob o comando de Carlos Magno e que saíra vencedor no enfrentamento de um gigante. E foi das marcas que essa batalha deixou no escudo da legendária personagem que a família Médici tirou alguns ornamentos para seu brasão. Outra história afirma que os Médici, em sua origem, eram boticários ou médicos, daí derivando seu nome, cujo significado literal é, justamente, médicos.

Do ponto de vista da História, entretanto, o primeiro registro que se tem de um membro da família atuando na política refere-se à eleição de Ardingo de Médici para o cargo de *Gonfaloniere,* em 1296, depois de ter ocupado a função de *Priore*, em 1291, quando teve início a multissecular trajetória pública dos Médici. Depois disso, por conta do apoio que o então chefe da família, Salvestro de Médici, teria dado aos *ciompi* – que constituíam a categoria mais humilde dos produtores de lã, não podendo, por essa razão, formar guildas –, os Médici caíram no desagrado dos abastados de Florença.

A recuperação do prestígio da família deveu-se à atuação de Giovanni de Bicci de Médici, especialmente de sua aliança com a Igreja de Roma, já que "seu sucesso como banqueiro deveu-se menos ao crescimento do comércio florentino da lã que a sua amizade com o papa", como escreveu Christopher Hibbert. Giovanni nasceu em Florença, em 1360, aí morrendo, em 1429. Foi *Priore* da *Signoria* em 1402, 1408 e 1411 e *Gonfaloniere* em 1421. Era dono de tecelagens e banqueiro, fazendo parte da *Arte della Lana* e da *Arte del Cambio,* cujo prestígio aumentava desde 1252. Juntamente com outros banqueiros locais, criou o *Fiorin d'oro*, a moeda de Florença, que depois passou a ser chamada de florim. Era amigo íntimo do papa João XXIII, o que lhe rendeu a administração das finanças papais na filial romana do banco Médici.

Na sucessão dos notáveis da família, inscreveu-se, em seguida, o nome de Cosimo de Médici, que viveu entre 1389 e 1464. Segundo Christopher

Hibbert, Cosimo pode ser considerado um autêntico humanista, amante da literatura clássica e moderna, que dominava vários idiomas além do italiano, como o latim, o árabe, o alemão e o francês. Além disso, patrocinou decididamente artistas e literatos, o que via como forma de consolidação política e social, como bem notou o já referido Jacob Burckhardt. Em meio às rivalidades políticas da Itália renascentista, Cosimo de Médici foi exilado por membros da família Albizzi, mas, rapidamente aclamado pela República, voltou a Florença, o que fez com que seu exílio acabasse por aumentar ainda mais seu prestígio.

Graças às suas boas relações com o papado e outros príncipes europeus, Cosimo conseguiu trazer para Florença o Concílio Geral da Igreja Ortodoxa Grega e Católica Romana, fazendo com que as atenções de todo o continente se voltassem para Florença, mas uma de suas obras mais consagradas e duradouras foi a idealização do Palazzo Médici.

Uma faceta pouco conhecida da família Médici foi a paixão que seus membros cultivaram pela coleção, muitas vezes misturada aos próprios negócios de Estado. Esse envolvimento de sucessivas gerações dos Médici com a formação de sua grande coleção ilustra uma das características mais originais da cultura do Renascimento.

Piero de Médici, o Gotoso (1416-1469), tornou-se cabeça da família, em 1464. À diferença do pai, suas habilidades como banqueiro deixavam a desejar, mas, enquanto defendia a poderosa família dos rivais existentes dentro da cidade e a própria cidade dos inimigos externos, não descuidou da tradição de munificência cultivada por Cosimo e, além de acrescentar numerosas moedas antigas à coleção de seu pai, comprou e incorporou à Biblioteca Médici grande quantidade de manuscritos raros, além de patrocinar a cópia de muitos livros antigos, adornados com belas iluminuras.

> ### PIERO E SUAS ANTIGUIDADES, NA VISÃO DE UM CONTEMPORÂNEO
>
> "Um dia, para seu prazer, ele pode simplesmente deixar os olhos vagarem por esses volumes, passando o tempo e deleitando a vista. No dia seguinte, assim me disseram, seleciona algumas efígies e imagens de todos os imperadores e personagens ilustres do passado, algumas em ouro, algumas em prata, algumas em bronze, em pedras preciosas ou em mármore e outros materiais maravilhosos ao olhar. [...] No outro dia contempla as joias e pedras preciosas que possui em magnífica quantidade e de grande valor, algumas gravadas, outras não. Sente grande prazer e delicia-se ao contemplá-las e discutir suas diversas qualidades. No outro dia, talvez, examina seus vasos de ouro e prata e outro material precioso e elogia seu nobre valor e a habilidade dos mestres que os trabalharam. Em suma, quando se trata de adquirir objetos valiosos ou estranhos, ele não olha o preço." (FILARETE, Antonio Averlino. Apud HIBBERT, Christopher. *Ascensão e queda da casa dos Médici*: o Renascimento em Florença. São Paulo: Companhia das Letras, 1993, p. 90.)

Mas Piero tinha pouca saúde, como revela o apelido que lhe foi dado por sofrer de gota e, em decorrência disso, seu governo durou apenas cinco anos, reduzindo bastante sua imagem, em comparação à dos outros membros da família, notadamente a de seu filho, Lorenzo (1449-1492), considerado o mais importante dos Médici e a quem, por sinal, Maquiavel dedicou *O príncipe*.

Em 1469, com a morte de Piero, o comando dos negócios da família passou a Lorenzo, chamado *o Magnífico*, apesar de ser "espantosamente feio", observou Hibbert. A *Agulha da Bússola Italiana*, como era chamado Lorenzo, destacou-se, também, por sua grande paixão pela coleção e por suas incursões ao território da poesia. Assim como outros membros da família, recebeu refinada educação humanista, especialmente voltada à filosofia e às artes, sendo incentivado, desde cedo, a participar da vida política. Essa atuação pública acabou por colocá-lo em rota de choque com outra poderosa família, os Pazzi, incomodados com sua rentável aliança com o papado. A guerra entre os Médici e os

Pazzi foi vencida pelos primeiros, mas a paz só foi alcançada após a liberação dos prisioneiros da família rival e o pagamento de indenização em dinheiro.

No que se refere à cultura propriamente dita, ao contrário do avô, Lorenzo gastou menos com pinturas e esculturas, deixando até inacabados alguns edifícios iniciados por Cosimo. Quanto ao colecionismo, entretanto, Lorenzo manteve a tradição da família. Durante toda a vida, enriqueceu a magnífica coleção dos Médici com bronzes, medalhas, moedas, cerâmicas e joias antigas, vasos romanos, bizantinos, persas e venezianos, muitos deles talhados em pedras semipreciosas. Lorenzo ainda investiu muito no patrocínio de escritores e eruditos e na compra de livros e manuscritos para a Biblioteca Médici, em constante expansão. E foi graças a seu mecenato, por exemplo, que mais de duzentos manuscritos gregos – a metade dos quais ainda desconhecidos na Europa – foram trazidos do Oriente por seu agente Giovanni Lascaris. Embora houvesse várias tipografias instaladas na Itália e em outras regiões da Europa, muitos colecionadores recusavam-se a misturar livros impressos às suas coleções, e o próprio Lorenzo valeu-se, durante muitos anos, de copistas e ilustradores, para reproduzir seus manuscritos e doá-los a bibliotecas, sobretudo as de Pisa, como parte de sua política de apaziguamento frente à tensão constante que opunha florentinos e pisanos.

Com a morte de Lorenzo, em 1492, assumiu o governo o filho Piero (1471-1503), que também seguiu a tradição da família de apoiar a cultura clássica. Mas à diferença do pai, ele não tinha grande habilidade política ou diplomática. Durante seu governo, Florença foi invadida por Carlos VIII da França, o que o obrigou a fugir da cidade, cujo comando passou, temporariamente, ao dominicano conservador Girolamo Savonarola, que acusava os Médici de ostentarem luxúria e fomentarem costumes abomináveis. Além de desentender-se com Carlos VIII, o que facilitou o retorno de Piero, Savonarola entrou em crise com o papa Alexandre VI, que acabou por excomungá-lo. Afinal preso, o religioso foi torturado e enforcado, tendo seu corpo queimado em praça pública, juntamente com outros dois seguidores, que também se opunham ao Vaticano, frei Silvestro e frei Domenico da Pescia.

Giovanni de Lorenzo de Médici (1475-1521) foi o primeiro dos membros da família a chegar ao papado, com o nome de Leão X. Era filho de Lorenzo e irmão de Piero, tendo sido educado, desde cedo, para seguir carreira religiosa. Graças à influência do pai, sua ascensão eclesiástica foi rápida e o que marcou, desde logo, seu pontificado foi uma política que procurava harmonizar os interesses dos Médici com os da Igreja. Leão X também foi incentivador da arte, vivendo cercado de músicos e literatos, além de apreciar grandes festas e banquetes, muitas vezes sustentados graças às casas de penhor, para onde iam as pratarias do palácio papal. Por conta da prática de nepotismo e pela descarada comercialização de indulgências acabou ocupando lugar central nas críticas de Martinho Lutero e na deflagração do movimento da Reforma Protestante, como se verá adiante neste livro.

O próximo Médici a ascender ao trono de Roma, graças à influência do irmão, foi Giulio de Médici (1478-1534), que adotou o nome de Clemente VII. Uma de suas principais preocupações foi, a partir de Roma, tentar controlar a política florentina, no que teve certo êxito, já que, a despeito dos problemas com Lutero e com a expansão da Reforma Protestante, conseguiu preservar a autonomia de Florença.

Alessandro de Médici (1511-1537) era filho bastardo de Clemente VII, tendo sido educado em Florença, sob a proteção paterna. Então, depois de declarar-se primeiro duque de Florença, propôs mudanças na constituição, inaugurando um governo caracterizado pelo despotismo e pela intransigência, decretando sentenças de morte e banimentos, o que gerou grande insatisfação na população e acabou facilitando seu assassinato em uma conspiração envolvendo o próprio primo, Lorenzaccio de Médici.

Christopher Hibbert fez em seu livro uma descrição particularmente fascinante do crime, oferecendo-nos, ainda, uma imagem bastante clara dos bastidores da política na Itália renascentista.

UM CRIME EM FAMÍLIA

"Para isso [Lorenzaccio de Médici] concebeu um plano complicado. Tinha uma bela prima, Caterina Soderini Ginori, mulher algo arrogante, enaltecida pela conduta virtuosa e pelo afeto que dedicava ao marido velho e enfadonho. Lorenzaccio disse a Alessandro que o homem que conseguisse levar Caterina para a cama era um sedutor de raro talento: se Alessandro quisesse tentar, ele levaria Caterina para a sua casa e os deixaria a sós. Sugeriu o sábado, noite de Reis, quando todos estariam se divertindo e ninguém veria Caterina ou Alessandro entrarem na casa de Lorenzaccio. Alessandro concordou e na noite combinada foi à casa de Lorenzaccio. Deixando sua guarda do lado de fora, tirou a espada, despiu-se e deitou-se na cama, à espera de Caterina. Estava quase dormindo quando a porta do quarto se abriu para dar passagem não a Caterina, mas a Lorenzaccio e Scoroncolo, um assassino de aluguel. Lorenzaccio aproximou-se da cama e, murmurando: 'Estás dormindo?' golpeou-o com toda a força na barriga nua. Tapando-lhe a boca com a mão, recebeu uma mordida no dedo que atingiu até o osso. Scoroncolo apunhalou Alessandro na garganta. Salpicado de sangue, a mão ferida envolta numa luva, Lorenzaccio correu para a rua e fugiu a galope para Bolonha, via Scarperia, deixando que os cidadãos de Florença usassem o assassinato como pudessem, quando encontrassem o corpo." (HIBBERT, Christopher. *Ascensão e queda da casa dos Médici*: o Renascimento em Florença. São Paulo: Companhia das Letras, 1993, p. 211.)

Com a morte de Alessandro, foi nomeado como duque de Florença outro primo, Cosimo de Médici (1519-1574), que em quase nada alterou a política do antecessor. Cosimo foi o último dos grandes Médici a governar Florença que, depois das inexpressivas administrações de Cosimo II e Cosimo III, acabou perdendo sua autonomia para outros reinos peninsulares.

Esvaia-se, assim, o poder da principal família a governar Florença durante séculos, abatida por uma notável decadência interna, agravada pela oposição de outras famílias, pela insatisfação popular e pelos desdobramentos da Reforma Protestante, que implicaram a redução da influência dos Médici junto aos altos cargos eclesiásticos.

O ÚLTIMO DOS MÉDICI

Apesar de talentoso, Fernando (1663-1713) decepcionava o pai, principalmente por nutrir grande e desabrida paixão por belos cantores. Assim foi com um certo Petrillo, em cujos braços foi encontrado por seu tutor, trocando calorosos beijos. Depois, o príncipe apaixonou-se por um presunçoso veneziano, chamado Cecchino, que exerceu enorme influência sobre ele. Descontente com as preferências sexuais do filho, o pai, Cosimo III (1642-1723), tomou a infeliz decisão de casá-lo, imaginando que ele poderia dar um herdeiro para a dinastia. O casamento do príncipe com Violante Beatrice da Baviera foi realizado em uma noite tão gelada que dois guardas palacianos morreram de frio, o que de certa forma antecipava o clima da desastrada união conjugal, pois Fernando sempre ignorou a esposa. Em viagem a Veneza, o príncipe envolveu-se com uma dama da corte, de quem contraiu sífilis, retornando a Florença em companhia de uma jovem amante. Enfim, sepultadas as esperanças de que Fernando pudesse lhe dar seu sonhado herdeiro, o grão-duque Cosimo voltou as atenções para o segundo filho, o apagado Gian Gastone, assim chamado em homenagem ao avô materno, Gaston d'Orléans.

Christopher Hibbert descreve esse "último dos Médici" como introspectivo, solitário e triste, fugindo dos ambientes ruidosos e extravagantes em que viviam o irmão e o tio. Ao contrário, era apaixonado por botânica ou antiquariato, dedicando grande parte do tempo ao aprendizado de línguas estrangeiras. Com certeza, não desejava casar-se, imaginando com profunda apreensão a perspectiva de tomar por esposa a noiva a ele destinada, e sua apreensão se transformou em horror quando Gian Gastone viu a noiva, que, sempre segundo nosso autor, era excepcionalmente feia, estúpida, briguenta, além de "obesa, teimosa e desprovida de atrativos pessoais". A mulher formava, assim, uma espécie de mosaico de horrores, nada atraente para seduzir o príncipe, que, aliás, tinha tendências homossexuais mais fortes que as de seu irmão. Seu consolo era um cavalariço, com quem acabou fugindo para

Praga, onde se entregou ao jogo, à bebida e à promiscuidade sexual, com estudantes pobres e moleques de rua, como escreveu Hibbert. Depois de uma frustrada tentativa de reconciliação com a esposa, afundou em dívidas de jogo e bebida, criando o ambiente de desespero em que consumiu o resto de sua existência.

Enquanto isso, em Florença, Cosimo envelhecia, sofrendo por conta da saúde precária, agravada pelas preocupações e desilusões causadas por seus incapazes sucessores. Em uma tentativa desesperada de preservar o poder dos Médici, decidiu investir no casamento da filha favorita, Anna Maria, uma moça desajeitada e esguia, que falava com uma voz masculina e ria de modo escandaloso. Por conta desses "atributos", Anna foi recusada nos reinos de Espanha e Portugal, acontecendo o mesmo com o duque de Savoia e o delfim. Afinal, Cosimo conseguiu casá-la com o eleitor palatino, Wilheim, que acabou por contaminá-la com uma grave doença venérea, considerada responsável pela série de abortos que arruinaram sua juventude e destruíram-lhe a possibilidade de gerar filhos.

Frustradas todas as esperanças de que algum filho lhe desse herdeiro, Cosimo tentou uma última saída. Desta vez, o escolhido foi seu irmão, o cardeal Francesco Maria, então com 48 anos. Ante a perspectiva de perder seus privilégios e os prazeres que lhe vinham da função religiosa, o cardeal ficou horrorizado, mas acabou cedendo, aceitando desposar a noiva arranjada por Cosimo. Eleonora, a escolhida, também relutou muito em aceitá-lo, jamais se sentindo atraída pela perspectiva de deitar-se com um homem exageradamente obeso, atacado pela gota, com o rosto cheio de furúnculos e que preferia, como era público, belos rapazes. Enfim, dois anos depois, o cardeal morreu, sepultando com ele a última esperança de Cosimo de Médici, que assistia ao definhar de Fernando, há tempos atingido por amnésia profunda, agravada pela epilepsia. Gian Gastone, por sua vez, vivia bêbado, em meio a crises de asma, e conta-se que nem sequer abria as cartas que recebia, para não ter a obrigação de respondê-las.

À decadência da família correspondia a da outrora fulgurante Florença, cujos habitantes pouco choraram a morte de Cosimo, ocorrida em 31 de outubro de 1723.

> **A MORTE NÃO CHORADA DE COSIMO DE MÉDICI**
>
> "Florença tinha outros motivos para chorar. Era agora uma cidade triste, pobre, sombria e sem esperança. Os turistas a descreveram repleta de mendigos, vagabundos e monges que em lúgubre cortejo passavam por escuros edifícios de vidraças tapadas com papel. [...] Apesar dos onerosos tributos decretados por Cosimo, que em seu leito de morte autorizava uma nova forma de imposto de renda, o Estado se encontrava praticamente falido. E falidas se achavam muitas famílias nobres cujos ancestrais haviam sido tão ricos". (HIBBERT, Christopher. *Ascensão e queda da casa dos Médici*: o Renascimento em Florença. São Paulo: Companhia das Letras, 1993, p. 223.)

Gian Gastone, então com 52 anos, sucedeu o pai, mas jamais se curou da indolência, do alcoolismo e da lascívia. O novo governo teve início auspicioso, mas de curtíssima duração, já que em sua quase totalidade foi exercido por um grão-duque que raramente saía da cama e perdera, completamente, os já tênues sinais de civilidade e educação. Mesmo assim, para tristeza de Florença e dos florentinos, Gian Gastone levou 13 anos para morrer, tempo em que protagonizou as melancólicas páginas finais da história da família. De toda a longa saga conduzida pelos Médici restou, principalmente, a arte, cujos tesouros, por determinação da agonizante irmã de Gian Gastone, Anna Maria, foram deixados para a cidade de Florença, em 1743, como testemunho do mecenato praticado pela família durante séculos.

O humanismo fora da Itália

E fora da Itália? Como representar a cultura do Renascimento?

Aqui, mais uma vez, usaremos alguns monumentos literários, especialmente considerando a importância que tiveram à época de sua aparição e circulação na Europa e fora dela, bem como sua sobrevivência à passagem dos séculos. Nosso espaço de investigação será formado por alguns exemplos de autores da França, Inglaterra e Holanda, embora reconheçamos a importância de escritores como o espanhol Miguel de Cervantes e o português Luís de Camões, por exemplo, tradicionalmente esquecidos nas sínteses históricas sobre o Renascimento. Entretanto, sabemos que o leitor mais interessado poderá ampliar e satisfazer sua curiosidade, inclusive estendendo a leitura a autores dos próprios países indicados anteriormente e que, pelos limites estabelecidos para este livro, acabaram ficando de fora da análise. Exemplo disso são os viajantes, cujos relatos animaram muitas das imagens construídas pelos pensadores e escritores europeus, como é o caso de Jean de Léry, André Thevet ou Hans Staden.

RABELAIS E A LINGUAGEM DA PRAÇA...

Por que os monges eram tão malvistos na sociedade? Segundo frei Jean, em conversa com o gigante Gargântua, "a razão peremptória é porque eles comem a merda do mundo, quer dizer os pecados e, como papa-merdas, são rejeitados para as suas retretes". Além de seu *estranho* apetite, os monges assemelhavam-se aos macacos, de nenhuma serventia para as pessoas, pois "o macaco não guarda a casa como um cão; não puxa a charrua como um boi; não produz leite nem lã como a ovelha. O que faz é só cagar e estragar, e isso é a causa de receber zombarias e bastonadas".

A obra de Rabelais, sempre reeditada, foi ilustrada pelos mais famosos artistas e ilustradores mundiais. Neste livro, reproduzimos dois exemplos de alguns desses trabalhos:

Honoré-Victorien Daumier (1808-1879), *Gargantua*, 1831.

Um dos pioneiros do naturalismo, o pintor Daumier destacou-se como ilustrador e chargista. Por conta de seu talento como caricaturista, era chamado de "Michelangelo da caricatura", o que, obviamente, não agradava a todos – especialmente, alguns caricaturados... A famosa litografia aqui reproduzida, por exemplo, em que o rei da França figura como Gargântua, rendeu ao artista seis meses de reclusão na prisão de Sainte-Pélagie, em 1832.

Paul Gustave Doré (1832-1883), *Un repas du jeune Gargantua*, 1851.

Paul Gustave Doré é, sem dúvida, um dos mais importantes ilustradores de livros do século XIX. Embora seja mais conhecido pela bem-humorada fantasia de suas composições, Gustave Doré também realizou trabalhos valiosíssimos sobre os ambientes mais pobres de Londres. Sua arte pode ser apreciada, entre outros, em livros como *Dom Quixote*, de Cervantes, *A Divina Comédia*, de Dante Alighieri, *Os trabalhadores do mar*, de Victor Hugo, as *Fábulas*, de La Fontaine, e as imortais histórias infantis da Condessa de Ségur e Charles Perrault. Em todos esses casos – assim como na imagem de Gargântua aqui reproduzida –, vem de seu desenho a representação que gerações de leitores, em todo o mundo, carregam na memória sobre as dezenas de personagens e espaços por ele concebidos.

Não é difícil imaginar a impressão que essas e outras escatológicas ideias e imagens que povoam os livros do francês François Rabelais (1493-1553) produziam nos leitores, provocando um estranhamento que, aliás, não constitui privilégio de seus contemporâneos.

Mas quem foi François Rabelais?

Formado em meio ao turbilhão da Reforma, Rabelais foi fortemente influenciado por Erasmo de Roterdã, de quem trataremos mais à frente, e por outros humanistas, como Pierre Amy, respeitado helenista e seu incentivador para o estudo do grego. Dotado de grande erudição, associada a ideias libertárias, expressas por meio de uma espécie de loucura literária, François Rabelais combateu todas as formas de autoridade, eclesiásticas ou seculares, o que incluía, de modo destacado, a universidade e as instituições políticas. Em suma, afirmava que apenas a liberdade deveria estabelecer os padrões de comportamento dos indivíduos e orientar a construção do próprio conhecimento, o que pressupunha a rejeição radical de crenças e ideias convencionais.

Ateu, extravagante, obsceno, cético, erudito, irônico, desafiador, ressentido, incompreendido e até mal-amado são alguns dos adjetivos que, ao longo dos séculos, foram usados por leitores e críticos para qualificar ou desqualificar o autor de *Gargântua e Pantagruel*. Em 1957, por exemplo, na biografia chamada *Doctor Rabelais*, o escritor e biógrafo inglês Dominic Bevan Wyndham-Lewis (1891-1969) resumiu, com maestria, as sensações contraditórias provocadas pela leitura de seus livros: "para cada litro de sabedoria ele destila dois de tolice, mas o que importa? Com a pena na mão, ele é incomparável. É único. É mágico. É magnífico. É um gigante. Uma vez que seu feitiço nos captura é impossível escapar dele."

A exemplo de muitos de seus contemporâneos, pouco se sabe de sua vida, além da autoapresentação que inscreveu no prólogo de *Gargântua e Pantagruel* (livro 4): "sadio, alegre, perfeitamente são e disposto a beber, se você quiser". Há dúvidas sobre a data de seu nascimento, desconhecendo-se a identidade da mulher ou das mulheres com quem teve seus três filhos ilegítimos. Acredita-se que seu ingresso na ordem franciscana tenha sido motivado pelo fato de não lhe caber herança, por ser o filho mais novo, representando a Igreja uma das raras possibilidades de conseguir alguma estabilidade econômica. Nesse convento, Rabelais ficou apenas quatro anos, restando da experiência, além do contato com frei Pierre Amy, apenas o reforço de suas nada elogiosas convicções sobre as instituições religiosas. Por influência dos teólogos da Sorbonne, o estudo da literatura grega foi considerado subversivo e acabou banido, transferindo-se Rabelais para a ordem dos beneditinos, mais tolerantes em relação à cultura. Três anos depois, ao que se sabe, o inquieto humanista foi estudar medicina em Paris, estreitando seus contatos com autores antigos. Em 1530, matriculou-se na Faculdade de Medicina da Universidade de Montpellier, onde recebeu o título de médico.

As palestras que Rabelais fazia sobre os médicos da Grécia antiga – e cujas obras constituíam as principais fontes de informação para seus contemporâneos – foram publicadas em latim, em 1532, com o título *Hipócrates e Galeno*. Logo depois, foi nomeado médico do hospital Hôtel-Dieu, em Lyon, onde lecionou anatomia humana, à época, um assunto considerado tabu.

No mesmo ano, Rabelais trouxe a lume uma coletânea de contos populares, publicada sob o título de *As grandes e inestimáveis crônicas do grande e enorme gigante Gargântua*, cujo personagem-título era um herói de apetite ilimitado. Por conta do grande sucesso comercial da obra, Rabelais decidiu escrever uma continuação, editada logo depois com o título *Os horríveis e apavorantes feitos e proezas do mui renomado Pantagruel, rei dos Dípsodos*, onde foi apresentado ao público o filho de Gargântua, Pantagruel.

No livro, destaca-se a carta de Gargântua ao filho, exaltando as virtudes de uma educação liberal, com ênfase para o estudo de idiomas, História, Matemática, Biologia, Filosofia, um pouco de Direito e Medicina. Esses livros não foram escritos em latim, como era costume entre os letrados da época, mas sim em francês, a língua *vulgar* falada pelo povo.

Veio em seguida *A inestimável vida do grande Gargântua*, parido, segundo o autor, pela orelha esquerda de sua mãe... As primeiras palavras do bebê gigante, segundo testemunhas, teriam sido: "Bebida! Bebida! Bebida!", e ele era tão grande que foram necessárias 17.913 vacas para abastecê-lo de leite. Do mesmo modo, foi enorme a quantidade de tecido necessária para vesti-lo, gastando-se na corrente que usava no pescoço o equivalente a 25.063 marcos de ouro. Criado para a mesa farta e a cama, acabou devorando seis peregrinos que se escondiam em um canteiro de repolhos e alfaces...

Em 1543, as provocações de Rabelais fizeram com que a Sorbonne incluísse seus livros na lista de obras que bons católicos não deveriam ler. Ao mesmo tempo, Calvino acusava o autor de ateísmo, o que dá ideia clara do incômodo que ele provocava nas mais diversas e antagônicas instituições religiosas.

Poucos anos depois dessa espécie de excomunhão literária, saía o *Quarto livro dos feitos e ditos heroicos do nobre Pantagruel*, ampliado pelo autor, em 1552, sempre tratando da busca de Pantagruel pela Divina Garrafa, o que levou o herói a enfrentar tempestades homéricas e conhecer pessoas e lugares estranhos, como as Ilhas Canibais e as Ilhas Burocracia – estas habitadas por funcionários que passavam o tempo emitindo ordens judiciais e intimações.

À época em que viveu Rabelais, era muito arriscado desafiar as instituições estabelecidas, especialmente as religiosas, como fez, por exemplo, um de seus amigos, Étienne Dolet (1509-1546), justamente considerado o pioneiro da tradução na França. Pois bem, esse humanista, conhecido por uma inexaurível liberdade de pensamento, tinha admiradores sinceros, mas animou intensamente a fúria de poderosos inimigos. Por conta de suas ideias políticas e religiosas, Dolet foi preso várias vezes, até que, na quinta delas, acabou condenado por ateísmo e blasfêmia, sendo estrangulado e queimado junto de seus livros.

Por conta desse clima de intolerância que assombrava muitas das correntes de criação e transformação expressas pelo pensamento humanista, Rabelais considerou prudente adotar um pseudônimo para assinar seus livros, já que de nada adiantava apresentar-se às autoridades da Igreja como uma espécie de bufão, cuja intenção era apenas fazer rir. Para contornar a censura, Rabelais apresentava-se como Alcofribas Nasier – um anagrama de seu próprio nome.

Mesmo que para muitos de seus leitores a explosão do riso foi sempre o principal resultado da leitura de seus livros, o desafio às autoridades restava evidenciado por conta do texto magistralmente composto: "homens livres, bem-nascidos, bem-criados e expostos a companhias honestas têm naturalmente um instinto e um impulso que os impelem a ações virtuosas e os repelem dos vícios, chamados honra. Esses mesmos homens, quando reduzidos à vil submissão e repressão e assim mantidos, afastam-se da nobre disposição que anteriormente os inclinava à virtude."

Séculos depois, buscando sintetizar o significado cultural da obra de François Rabelais, por meio de um alentado levantamento histórico e linguístico, Mikhail Bakhtin (1895-1975) escreveu o livro *Cultura popular na Idade Média e no Renascimento: o contexto de François Rabelais*. Editada em 1965, a obra foi escrita na década de 1940, tendo sido apresentada como tentativa, aliás, frustrada, para obtenção do título de doutor no Instituto de Literatura Mundial Gorki. No livro, Bakhtin afirma que Rabelais "influiu poderosamente não só nos destinos da literatura e da língua literária francesa, mas também na literatura mundial". Além disso, para o grande pensador russo, o humor rabelaisiano "combina o sério e o cômico, o real e o fantástico, a razão e a loucura, o sublime e o grotesco", como pode ser exemplificado pelo já lembrado nascimento de Gargântua, reproduzido no box a seguir.

> **UM ESTRANHO PARTO**
>
> "De súbito, apareceram parteiras de todos os lados. E, apalpando por baixo, encontraram aparas de pele, de muito mau cheiro e pensaram que fosse o filho, mas eram os fundos que se lhe escapavam, devido ao amolecimento do intestino grosso, por ter comido muita tripa. [...] Por causa desse inconveniente, foram relaxados por cima os cotilédonos da matriz pelos quais passou o menino, e entrou na veia cava, trepando pelo diafragma até acima dos ombros, onde a dita veia se divide em duas, tomou caminho à esquerda e saiu pela orelha sinistra." (RABELAIS, François. *Gargântua e Pantagruel*. Trad. David Jardim Júnior. Belo Horizonte: Editora Itatiaia, 2003, p. 45.)

Bakhtin classificou a linguagem de Rabelais como "vocabulário de praça pública", aliás, em direta correspondência com seus censores, destacando, ao mesmo tempo, que o escritor quinhentista soube aproveitar, como ninguém, o alegre contexto dos ambientes em que viviam os camponeses do final da Idade Média, especialmente a feira e a praça do carnaval. Esses ambientes, é bom lembrar, não eram formados pela alegria de cada indivíduo, mas sim pelo júbilo coletivo de todas as pessoas ali reunidas; para Bakhtin, "é o ambiente onde todos os discursos estão misturados, numa verdadeira liberdade. A linguagem popular e familiar, como os juramentos, as grosserias e o escatológico, juntamente com o discurso dos charlatões, dos vendedores de remédio, penetra em todos os outros gêneros festivos que gravitavam em torno dela, incluindo o drama religioso: é uma constelação de estilos misturados em um único: a liberdade e o caráter não oficial da praça pública."

De todos esses elementos, Bakhtin destacou o escatológico presente na obra de Rabelais, seja na famosa descrição do parto de Gargântua, quando a mãe, Gargamela, defeca o próprio intestino ou quando o gigante urina durante 3 meses, 7 dias, 13 horas e 47 minutos, dando origem ao rio Ródano juntamente com setecentos navios.

Para incentivar o leitor a ler os livros de Rabelais, lembremos um de seus mais famosos conselhos, escrito como elogio à liberdade: "Faça o que quiser", usado como título de uma coleção de ensaios publicada, em 1929, por Aldous Huxley, autor de *Admirável mundo novo*. Na verdade, no mundo de Rabelais, seja aquele em que ele viveu, seja aquele que forma o cenário de suas histórias fantásticas, há pouco de admirável, mas a culpa disso não é, certamente, do grande literato. Enfim, como escreveu Dominic Bevan Wyndham-Lewis, "com a pena na mão, ele é incomparável. É único. É mágico. É magnífico. É um gigante...".

MONTAIGNE E LA BOÉTIE – O ELOGIO DA AMIZADE CONTRA O PODER DE UM

Talvez pareça estranha ao leitor de hoje a consideração de que a mãe de um indivíduo imbecil não deveria ser forçada a devotar-lhe amor incondicional, por conta de suposta regra moral, imposta por uma relação de consanguinidade resultante de situações muitas vezes fortuitas. Essa obrigação de amar o fruto, nem sempre bendito, gerado no próprio ventre, além de dificultar a percepção do afeto fingido ou até interesseiro, acaba por alimentá-lo, impossibilitando a crítica, a censura e o aconselhamento – pilares sobre os quais se ergue toda a relação de verdadeira amizade.

Embora essa questão pareça não se encaixar em qualquer sistema mais conhecido de pensamento, ela ocupa lugar central em um dos capítulos mais citados dos *Ensaios* de Montaigne (1533-1592), dados à estampa em 1580 e 1588.

Michel Eyquem de Montaigne levou cerca de vinte anos para concluir sua obra-prima, sempre lembrada pela novidade e ousadia das reflexões que a compõem, por exemplo, quando se refere aos canibais: "não vejo nada de bárbaro ou selvagem no que dizem daqueles povos; e, na verdade, cada qual considera bárbaro o que não se pratica em sua terra". Entretanto, não lhe parecia "excessivo julgar bárbaros tais atos de crueldade, mas que o fato de condenar tais defeitos não nos leve à cegueira acerca dos nossos. Estimo que é mais bárbaro comer um homem vivo do que o comer depois de morto; e é pior esquartejar um homem entre suplícios e tormentos e o queimar aos poucos, ou entregá-lo a cães e porcos, a pretexto de devoção e fé." É clara nessa passagem a referência às guerras religiosas que assolaram a França entre 1562 e 1598 e culminaram no massacre dos protestantes, praticado na noite de São Bartolomeu, em 24 de agosto de 1572, certamente presenciado por Montaigne.

O massacre de São Bartolomeu, do pintor huguenote François Dubois (1529-1584). Musée cantonal des Beaux-Arts, Lausanne, França.

Na pintura, pode-se ver o corpo do líder huguenote Gaspard de Coligny dependurado em uma janela, além de Catarina de Médici – mais ao fundo, à esquerda –, observando uma pilha de corpos de vítimas do massacre.

Sem tentar avaliar aqui, em sua profundidade e extensão, os três livros que compõem os *Ensaios* – um título que, aliás, foi inaugurado por Montaigne –, contentemo-nos com a precisa reflexão que sobre ele fez André Gide (1869-1951): a importância de qualquer autor "depende não somente do seu próprio valor, mas ainda – e muito – da oportunidade da mensagem". Está aí, enfim, uma chave interessante para compreender o grande interesse que o livro despertou logo quando foi publicado, bem como o renovado apreço com que vem sendo considerado ao longo dos séculos, tudo isso facilitado pela linguagem fascinante e a clara e corajosa decisão de associar uma considerável erudição ao saber decorrente da própria experiência. É este o caso do tema da amizade, tratado no capítulo XXVIII, livro 1, dos *Ensaios*, escolhido para incluir Montaigne e Etienne La Boétie na trama deste livro.

Para Montaigne, "a amizade assinala o mais alto ponto de perfeição na sociedade", o que não acontece, segundo ele, nas relações entre pais e filhos.

> **AMAR OS FILHOS SOBRE TODAS AS COISAS?**
>
> "Entre certos povos, é costume que os filhos matem os pais; entre outros, os pais matam os filhos, a fim de evitar, como acontece às vezes, que se constituam obstáculos recíprocos, porque a natureza, pela eliminação de um, libera o outro. Houve filósofos que afetaram não levar em consideração os laços de família. Aristipo, por exemplo, a quem falavam da afeição que devia aos filhos, saídos dele, pôs-se a cuspir dizendo que isso também saía dele. E acrescentava que se engendramos filhos engendramos igualmente piolhos e vermes." (MONTAIGNE, Michel E. *Os ensaios*. Trad. Sérgio Milliet. São Paulo: Abril Cultural, 1984, p. 82.)

Mais ainda, os compromissos impostos pela lei ou supostas obrigações naturais diferem, na essência, das verdadeiras relações de amizade, que "resultam de uma escolha, e nada depende mais de nosso livre arbítrio que a amizade e a afeição. O calor da amizade estende-se a todo o nosso ser; é geral e igual; temperada e serena; soberanamente suave e delicada, nada tem de áspero nem de excessivo. Na amizade a que me refiro as almas se entrosam e se confundem em uma única alma, tão unidas uma à outra que não se distinguem, não se lhes percebendo sequer a linha de demarcação. Se insistirem para que eu diga porque o amava, sinto que o não saberia expressar senão respondendo: porque era ele; porque era eu".

O amigo a quem Montaigne declarou seu amor era Etienne La Boétie (1530-1563), e essas palavras são suficientes para exprimir a intensidade da amizade que os uniu, por brevíssimo tempo, aliás.

La Boétie é bem menos conhecido do que Montaigne e tem a biografia repleta de dúvidas, incongruências e apropriações anacrônicas, que lhe valeram, até, o título de precursor do pensamento anarquista. Para nós, nada disso importa, a não ser considerar um livro que, apesar da pequena extensão, caracteriza-se pelo estilo direto, provocativo e sobretudo sincero de tratar, desde o título, de gigantesca contradição: o *Discurso da servidão voluntária*. Dito de outra forma, como entender o sacrifício da liberdade de todo um povo que, por sua própria escolha, submete-se a um tirano?

Por conta disso, o ensaio de La Boétie chegou a ser chamado de *Contra um* e foi ele que constituiu o mote para Montaigne – herdeiro literário do autor – escrever seu texto sobre a amizade. No pequeno texto, escrito na adolescência, La Boétie fez vigoroso discurso em favor da liberdade e contra a tirania.

Embora haja muitas questões instigantes no *Discurso da servidão voluntária*, vamos destacar aqui, com palavras do próprio autor, as reflexões que fez para sua defesa incondicional da liberdade – preocupação central de La Boétie – e sobre as relações de cumplicidade que sustentam o poder do tirano, que jamais ama e jamais é amado. Como aconselhamento ao leitor, sugerimos que, além de ler o texto integral de La Boétie, aplique as considerações do autor quinhentista a situações atuais, especialmente aquelas relativas à vida em sociedade.

A SUJEIÇÃO AO TIRANO E A PERDA ABSOLUTA DA LIBERDADE

"Os que giram em volta do tirano e mendigam seus favores não se poderão limitar a fazer o que ele diz, têm de pensar o que ele deseja e, muitas vezes, para ele se dar por satisfeito, têm de lhe adivinhar os pensamentos.

Não basta que lhe obedeçam, têm de lhe fazer todas as vontades, têm de se matar de trabalhar nos negócios dele, de ter os gostos que ele tem, de renunciar à sua própria pessoa e de se despojar do que a natureza lhes deu.

Têm de se acautelar com o que dizem, com as mínimas palavras, os mínimos gestos, com o modo como olham; não têm olhos, nem pés, nem mãos, têm de consagrar tudo ao trabalho de espiar a vontade e descobrir os pensamentos do tirano.

Será isto viver feliz? Será isto vida? Haverá no mundo coisa mais insuportável do que isto? Não me refiro sequer a homens bem nascidos, mas sim a quem tenha o sentido do bem comum ou, para mais não dizer, cara de homem. Haverá condição mais miserável do que viver assim, sem ter nada de seu, sujeitando a outrem a liberdade, o corpo, a vida?" (LA BOÉTIE, Etienne. *Discurso da servidão voluntária*. 4. ed. São Paulo: Brasiliense, 1999, p. 14.)

A PIRÂMIDE DO PODER QUE ESPOLIA
O POVO E SUSTENTA A TIRANIA

"Sempre foi a uma escassa meia dúzia que o tirano deu ouvidos, foram sempre esses os que lograram aproximar-se dele ou ser por ele convocados, para serem cúmplices das suas crueldades, companheiros dos seus prazeres, alcoviteiros de suas lascívias e com ele beneficiários das rapinas. Tal é a influência deles sobre o caudilho que o povo tem de sofrer não só a maldade dele como também a deles. Essa meia dúzia tem ao seu serviço mais seiscentos que procedem com eles como eles procedem com o tirano. Abaixo destes seiscentos há seis mil devidamente ensinados a quem confiam ora o governo das províncias ora a administração do dinheiro, para que eles ocultem as suas avarezas e crueldades, para serem seus executores no momento combinado e praticarem tais malefícios que só à sombra deles podem sobreviver e não cair sob a alçada da lei e da justiça. E abaixo de todos estes vêm outros." (LA BOÉTIE, Etienne. *Discurso da servidão voluntária*. 4. ed. São Paulo: Brasiliense, 1999, p. 13.)

EM LOUVOR À AMIZADE E CONTRA
A VONTADE ÚNICA DO TIRANO

"A verdade é que o tirano nunca é amado nem ama.

A amizade é uma palavra sagrada, é uma coisa santa e só pode existir entre pessoas de bem, só se mantém quando há estima mútua; conserva-se não tanto pelos benefícios quanto por uma vida de bondade.

O que dá ao amigo a certeza de contar com o amigo é o conhecimento que tem da sua integridade, a forma como corresponde à sua amizade, o seu bom feitio, a fé e a constância.

Não cabe amizade onde há crueldade, onde há deslealdade, onde há injustiça. Quando os maus se reúnem, fazem-no para conspirar, não para travarem amizade. Apoiam-se uns aos outros, mas temem-se reciprocamente. Não são amigos, são cúmplices.

Ainda que assim não fosse, havia de ser sempre difícil achar num tirano um amor firme. É que, estando ele acima de todos e não tendo companheiros, situa-se para lá de todas as raias da amizade, a qual tem seu alvo na equidade, não aceita a superioridade, antes quer que todos sejam iguais.

> Por isso é que entre os ladrões reina a maior confiança, no dividir do que roubaram; todos são pares e companheiros e, se não se amam, temem-se pelo menos uns aos outros e não querem, desunindo-se, se tornar mais fracos
>
> Quanto ao tirano, nem os próprios favoritos podem ter confiança nele, pois aprenderam por si que ele pode tudo, que não há direitos nem deveres a que esteja obrigado, a sua única lei é a sua vontade, não é companheiro de ninguém, antes é senhor de todos. Quão dignos de piedade, portanto, são aqueles que, perante exemplos tão evidentes, face a um perigo tão iminente, não aprendem com o que outros já sofreram!
>
> Como pode haver tanta gente que gosta de conviver com os tiranos e que nem um só tenha inteligência e ousadia que bastem para lhes dizer o que (no dizer do conto) a raposa respondeu ao leão que se fingia doente: 'De boa mente entraria no teu covil; mas só vejo pegadas de bichos que entram e nenhuma dos que dele tenham saído'.
>
> Esses desgraçados só veem o brilho dos tesouros do tirano e ficam olhando espantados para o fulgor das suas suntuosidades, deslumbrados com tanto esplendor; aproximam-se e não veem que estão a atirar-se para o meio de uma fogueira que não tardará a consumi-los." (LA BOÉTIE, Etienne. *Discurso da servidão voluntária*. 4. ed. São Paulo: Brasiliense, 1999, p. 15.)

Encerramos aqui as breves referências a três autores representativos do pensamento humanista francês, apenas destacando a coincidência de questões e temas que ocupavam o centro de suas reflexões e que mantêm grande atualidade e nos permitem enxergar com mais nitidez as sociedades contemporâneas. Isso também quer dizer que, somadas às indicações relativas aos ambientes culturais italianos – sem esquecer a possibilidade de sua extensão, por exemplo, à Inglaterra, Países Baixos, Portugal e Espanha – alguns dos principais elementos formadores do efervescente universo intelectual do Renascimento não se inserem, com exclusividade, em nenhum lugar específico, podendo localizar-se, por exemplo, em uma ilha imaginária chamada *Utopia*...

A ILHA DE UTOPIA E O PAÍS
COM OVELHAS DE ESTRANHO APETITE...

Um dia, ao sair da catedral de Notre-Dame, em Paris, o inglês Thomas More foi apresentado ao português Rafael Hitlodeu, cuja aparência revelava longa existência no mar. Pedro Gil, responsável pela apresentação, afirmou não existir no mundo outro ser vivo que poderia dar a More "detalhes tão completos e tão interessantes sobre os homens e os países desconhecidos" que visitara em suas andanças. Contou que Rafael, ainda muito jovem, foi "devorado pela paixão de correr mundo", razão de sua decisão de acompanhar Américo Vespúcio em três de suas quatro últimas viagens. Ao invés de retornar à Europa com o famoso navegador, foi por ele autorizado a ficar nos confins da Nova Castela, de onde, na companhia de cinco castelhanos, seguiu viagem para uma "multidão de países". Finalmente, em Calecute, encontrou navios portugueses que o reconduziram ao seu país.

Após essa apresentação, Thomas More conduziu os dois homens à sua casa, iniciando-se longo e valioso diálogo, a começar pela descrição da afabilidade dos indígenas, que cederam a Rafael e seus companheiros barcos, víveres e um guia para auxiliá-los a seguir viagem: "depois de vários dias de marcha descobriram burgos e cidades bem administradas, nações inúmeras e Estados poderosos". Enfim, chegaram ao Equador, que Rafael Hitlodeu descreveu em detalhes.

O EQUADOR E SUA NATUREZA

"De uma parte e de outra, no espaço compreendido pela órbita do sol, não viram senão vastas solidões eternamente devoradas por um céu de fogo. Ai, tudo os aturdia de horror e espanto. A terra inculta tinha apenas como habitantes os animais mais ferozes, os répteis mais terríveis, ou homens mais selvagens que os animais. Afastando-se do Equador, a natureza se abrandava pouco a pouco; o calor é menos abrasador, a terra se cobre de uma ridente verdura e os animais são menos selvagens. Mais longe ainda, aparecem povos, cidades, povoações, em que se faz um comércio ativo por terra e por mar, não somente no interior e com as fronteiras, mas entre nações muito distantes." (MORE, Thomas. *A Utopia*. Trad. Pietro Nassetti. São Paulo: Martin Claret, 2007, p. 22.)

Depois de ouvir as primeiras descrições de Hitlodeu sobre o que vira em suas viagens, Thomas More afirmou que seria muito extenso relatá-las em sua totalidade, prometendo fazê-lo em outra obra, onde detalharia os "hábitos, costumes e sábias instituições dos povos civilizados que frequentou Rafael", bem como dos monstros e comedores de gente que existem por toda a parte, limitando-se a considerar que o que era "raro é uma sociedade sã e sabiamente organizada".

Pois bem, o leitor já deve estar se perguntando sobre a identidade dessas três personagens aqui referidas. Duas delas – Rafael e Pedro – são fictícias e foram criadas por Thomas More (1478-1535), autor de um dos livros mais representativos do humanismo, *A Utopia*. A primeira edição do livro foi feita, em 1516, por um grande amigo de More, Erasmo de Roterdã, com quem ele se encontrou em Oxford, onde fora estudar advocacia.

Ao amigo, Thomas More confidenciava, em sua correspondência particular, que sentia profunda repugnância pela vida parasitária e faustosa da corte: "não podes avaliar com que aversão me encontro envolvido nesses negócios de príncipes; não há nada mais odioso que esta embaixada". A missão diplomática referida por More fora enviada a Flandres por Henrique VIII, rei da Inglaterra, a fim de resolver um desentendimento surgido com o príncipe Carlos de Castela.

More era alto funcionário da corte, exercendo a função de grande chanceler. Entretanto, quando o rei inglês abandonou o catolicismo, pediu demissão do cargo, em 1532, o que descontentou profundamente o monarca. No ano seguinte, sempre por conta de suas convicções religiosas, recusou-se a assistir à coroação da nova esposa do rei, Ana Bolena, bem como a jurar fidelidade – juntamente com toda a nobreza inglesa – aos filhos eventualmente nascidos dessa união. Por isso, foi condenado à prisão perpétua e teve confiscados os bens, mas logo depois acabou julgado por crime de alta traição, sendo decapitado em Londres, em 1535. Quatro séculos depois, em 1935, foi canonizado pela Igreja Católica.

Assim como outros livros aqui referidos, *A Utopia* é para ser lido e saboreado integralmente, o que aconselhamos, enfaticamente, ao leitor. Dividida em duas partes, na primeira aparece a descrição das misérias que se abateram sobre o povo inglês à época da formação do capitalismo, misérias essas de que se beneficiavam a Coroa e os dois grupos ou forças sociais possuidores do solo inglês e das riquezas públicas, a nobreza e o clero. Além disso, para proteger seus privilégios e acobertar seus crimes, os grandes proprietários mantinham enorme séquito de vassalos, que mantinham aterrorizados camponeses e demais trabalhadores, como os artesãos. A cada dia, por conta do crescimento da indústria de lã, multidões de camponeses eram expulsos de suas terras.

Nada disso escapava à percepção de Thomas More que, pela boca de seu personagem Rafael, desenhou em seu livro um detalhado quadro mostrando as consequências dos famosos *cercamentos*.

OVELHAS *VERSUS* SERES HUMANOS...

"Hitlodeu: A nobreza e a lacaiada não são as únicas causas dos assaltos e roubos que vos deixam desolado; há outra exclusivamente peculiar à vossa ilha.
– E qual é ela?
Hitlodeu: Os inumeráveis rebanhos de carneiros que cobrem hoje toda a Inglaterra. Estes animais, tão dóceis e tão sóbrios em qualquer outra parte, são entre vós de tal sorte vorazes e ferozes que devoram mesmo os homens e despovoam os campos, as casas e as aldeias.

De fato, a todos os pontos do reino, onde se recolhe a lã mais fina e mais preciosa, acorrem, em disputa do terreno, os nobres, os ricos e até santos abades. Essa pobre gente não se satisfaz com as rendas, benefícios e rendimentos de suas terras; não está satisfeita de viver no meio da ociosidade e dos prazeres, a expensas do público e sem proveito para o Estado. Eles subtraem vastos tratos de terra à agricultura e os convertem em pastagens; abatem as casas, as aldeias, deixando apenas o templo para servir de estábulo para os carneiros. Transformam em desertos os lugares mais povoados e mais cultivados. Temem, sem dúvida, que não haja bastantes parques e bosques e que o solo venha a faltar para os animais selvagens.

Assim um avarento faminto enfeixa, num cercado, milhares de jeiras; enquanto que honestos cultivadores são expulsos de suas casas, uns pela fraude, outros pela violência, os mais felizes por uma série de vexações e de questiúnculas que os forçam a vender suas propriedades." (MORE, Thomas. *A Utopia*. Trad. Pietro Nassetti. São Paulo: Martin Claret, 2007, p. 29.)

Quanto aos governantes e seus conselheiros, a avaliação de More também não foi nada lisonjeira, já que, em primeiro lugar, os "príncipes cuidam somente da guerra", desprezando as benéficas artes da paz. Igualmente, de pouco ou nada valem os conselheiros dos reis, seja por inépcia, seja por cumplicidade, não passando de "vis parasitas". Dentre estes, há ainda os escravos de seu amor próprio e que escutam apenas a si mesmos: "é assim que o corvo sorri à sua ninhada, e o macaco aos seus filhotes".

Essas ideias e avaliações sobre sua própria terra levaram Thomas More a criar uma sociedade ideal – *A Utopia* –, localizada em uma ilha, e é dela que trata a segunda parte do livro, na qual o autor descreve, detalhadamente, as cidades e seus magistrados, as artes e ofícios, as relações entre os cidadãos, as viagens dos utopianos, os escravos, as questões da guerra e das religiões.

Quando se pensa em sociedade ideal, a existência de escravos pode representar séria contradição. Entretanto, em Utopia, essa condição era destinada a quem ofendesse gravemente a sociedade, como um ladrão. Neste caso, além de restituir o objeto roubado ao proprietário, pagando com seus próprios bens os danos eventualmente decorrentes do furto – dívida que se estendia, inclusive, à mulher e aos filhos –, o ladrão era condenado a trabalhos públicos. À noite eram recolhidos às celas e não passavam privações, pois, já que trabalhavam para a sociedade, era a sociedade que os mantinha.

Além disso, diferentemente do que acontecia na Europa, onde o ouro era adorado como um Deus e procurado como o bem supremo, os utopianos tinham verdadeiro desprezo pelos metais preciosos.

OS METAIS NADA PRECIOSOS EM UTOPIA

"O ouro e a prata não têm, nesse país, mais valor do que lhes deu a natureza. Esses dois metais são ali considerados bem abaixo do ferro, o qual é tão necessário ao homem quanto a água e o fogo. Com efeito, o ouro e a prata não têm nenhuma virtude, nenhum uso, nenhuma propriedade cuja privação acarrete um inconveniente natural e verdadeiro. Foi a loucura humana que pôs tanto valor em sua raridade.

A natureza, esta excelente mãe, escondeu-os em grandes profundidades, como produtos inúteis e vãos, enquanto que expõe a descoberto a água, o ar, a terra, e tudo o que há de bom e realmente útil.

> Eles comem e bebem em louça de barro ou vidro, que se é elegante na forma, é, no entanto, despida do menor valor; o ouro e a prata são destinados aos usos mais vis, tanto nas residências comuns, como nas casas particulares; são feitos com eles até os vasos noturnos. Forjam-se cadeias e correntes para os escravos, e marcas de opróbrio para os condenados que cometeram crimes infames. Estes últimos levam anéis de ouro nos dedos e nas orelhas, um colar de ouro no pescoço, um freio de ouro na cabeça." (MORE, Thomas. *A Utopia*. Trad. Pietro Nassetti. São Paulo: Martin Claret, 2007, p. 71.)

Essas informações sobre Utopia foram apresentadas pelas palavras do viajante Rafael Hitlodeu, mas, ao final da descrição, Thomas More assumiu, pessoalmente, uma interessante reflexão, na qual expressava sua admiração por uma sociedade que abolira todas as formas de propriedade e, consequentemente, de exploração e de cobiça, tão caras à sua própria Inglaterra. Em Utopia, escreveu More, os bens eram propriedade comum e não havia dinheiro. Além disso, ali qualquer sinal de nobreza ou luxo era desprezado, ao contrário do que acontecia na Europa.

UM SÉRIO *ELOGIO DA LOUCURA*

Se definir a loucura é praticamente impossível, fazer seu elogio, em pleno século XVI, representava um desafio que envolvia grandes riscos, especialmente ao se atribuir à insanidade o papel de principal conselheira para orientar a vida das pessoas. Poucos anos antes, no final do século XV, o pintor Hieronymus Bosch (c. 1450-1516), apresentara em uma famosa tela, hoje guardada no Museu do Prado, em Madri, a cena em que se extraía a pedra da loucura da cabeça de um pobre homem. A legenda do quadro diz *"Meester snyt die Keye ras, myne name is lubbert das"*, o que significa "Mestre, extrai-me a pedra, meu nome é Lubber Das". Lubber Das era o nome de um personagem satírico da literatura holandesa que simbolizava a estupidez.

Observe o leitor que a cena é conduzida por um "cirurgião" que tem na cabeça um funil invertido, símbolo da estupidez, e é assistido por um religioso segurando um cântaro de vinho, com o que é representada a embriaguez a que se entregava grande parte do clero. A freira, por sua vez, tem na cabeça um livro fechado, mostrando a estupidez dos representantes da Igreja.

Em síntese, na tela, Bosch satiriza a crença medieval de que os "loucos" tinham uma pedra na cabeça; entretanto, o que se extrai na "cirurgia" é uma tulipa, e não seria exagero perguntar, aqui, quem é o médico? Quem é o louco? Além disso, ao ser encarado pelo "louco", o observador parece refletido em um espelho circular, representando a imagem nada sábia da sociedade europeia da época.

O famoso quadro de Hieronymus Bosch (c. 1450-1516) mostra o ritual cirúrgico-religioso de extração da pedra da loucura da cabeça de um homem, simbolizando um personagem satírico da literatura holandesa que representava a estupidez. Na tela, ao contrário do *louco*, quem desfila a insensatez são as demais figuras ou, melhor, as instituições que preenchem a cena: a Igreja e a ciência a ela submetida.

Como traduzir tudo isso para um leitor moderno? No famoso livro de Erasmo de Roterdã, *Elogio da loucura*, é a própria personagem-título quem adverte o leitor sobre a inutilidade de qualquer tentativa de representá-la em palavras: "por que dar a mim uma definição, que seria como uma sombra e uma imagem, quando me podeis ver com os vossos olhos?"

Erasmo, cujo nome de nascimento era Geert Geertz, nasceu em Roterdã, Países Baixos, em 1469, e morreu em Basileia, Suíça, em 1536. Filho ilegítimo de um padre, transferiu-se para Paris para obter seu doutorado, e foi aí que experimentou por alguns anos a função clerical, mas a austeridade do ambiente conventual fez com que ele – sem abandonar os estudos de teologia – deixasse os ofícios religiosos e tentasse o sustento como professor e autor de coletâneas de provérbios latinos. Aos 30 anos, transferiu-se para a Inglaterra, onde se tornou amigo de Thomas More, a quem dedicou seu livro.

Do mesmo modo que as outras obras representativas do pensamento humanista que vimos apresentando, o *Elogio da loucura* – escrito em 1509 e publicado em 1511 – conservou ao longo de praticamente cinco séculos grande valor cultural e notável atualidade, especialmente pela defesa incondicional que Erasmo faz da liberdade, como fundamento indispensável para a educação das pessoas, jamais admitindo sua subordinação a qualquer instituição detentora de poder social. Em seu caso e à sua época, foi contra o domínio que a Igreja mantinha durante séculos sobre a educação e a cultura que ele dirigiu sua poderosa crítica, e já que não era possível "escolher os próprios pais ou a pátria, cada um pode moldar sua personalidade pela educação". Entretanto, diretamente alinhado ao anticlericalismo que Bosch mostra em sua tela, afirmava categoricamente que toda educação saudável deveria ser uma educação sem qualquer controle religioso. Especificamente sobre educação, Erasmo escreveu o livro *A civilidade pueril*, no qual supera a tendência dominante de seu tempo de considerar apenas as crianças e jovens de elite. Em outro livro, *Sobre os meninos*, ou *Dos meninos*, Erasmo defendeu a adoção dos princípios culturais do humanismo em toda a prática educativa e não mais de valores estritamente religiosos, propondo o incentivo ao ensino de disciplinas como a Poética, a Retórica, a História, a Ética e a Filosofia – todas elas fortemente inspiradas na cultura clássica.

Essas afirmações animaram seus críticos a dizer que ele era um dos grandes inspiradores de Martinho Lutero, com quem, aliás, manteve acirradas disputas teológicas durante toda a vida. Entretanto, em que pese a importância dessas obras para a história da educação, considerando o fio narrativo estabelecido para este livro, vamos concentrar nosso foco na criação mais famosa e instigante de Erasmo de Roterdã.

Sem tentar estabelecer qualquer espécie de tipologia sobre a loucura, Erasmo considerava a infância e a juventude como a melhor fase da existência, já que a vida mais agradável é a que se vive sem nenhuma espécie de sabedoria. Na fase adulta, entretanto, segundo a própria loucura, os homens consideram ter atingido seu pleno crescimento, e é aí que as experiências começam a torná-los sensatos. Entretanto, aí, a beleza da vida começa a se apagar e, à medida que os homens se afastam da loucura, a vida os abandona cada vez mais. Quanto à velhice, todos os mortais dependem do auxílio direto da loucura para suportá-la, já que nenhum mortal poderia suportá-la sem entregar-se a ela, que transforma os velhos que estão à beira do túmulo, trazendo-os de volta à idade feliz da infância.

Mas, segundo o autor, sempre falando pela boca da loucura, a juventude e a velhice só diferem pelas rugas que marcam o rosto da segunda, já que os cabelos escassos, a falta de dentes, o pouco cuidado com o corpo, as bobagens que saem pela boca, a memória não educada; enfim, tudo, aproxima inteiramente as duas idades.

Erasmo também aproximava a amizade da loucura, ao considerar que, quando fechamos os olhos para os defeitos dos amigos, tornando-nos cegos ou coniventes com seus vícios que até apreciamos é algo muito próximo da loucura. E o que pensar, então, do casamento, uma instituição prejudicial aos dois lados e que deveria ser respeitada "enquanto é um purgatório" e desfeita "quando se tornasse um inferno". Que homem, pergunta Erasmo, exporia o pescoço ao jugo do matrimônio, se tivesse em mente suas desvantagens? Que mulher aceitaria um homem se considerasse os perigosos trabalhos do parto e a interminável fadiga de criar os filhos?

Em síntese, como ensinou Erasmo, a pior de todas as loucuras é, sem dúvida, tentar ser sensato em um mundo de doidos, e é essa ideia que, depois de séculos, parece alicerçar as considerações que Michel Foucault escreveu em sua valiosíssima *História da loucura na idade clássica*, publicada em 1972, e de que damos um excerto no box a seguir.

A PIOR LOUCURA DO HOMEM

"Tal é a pior loucura do homem: não reconhece a miséria em que está encerrado, a fraqueza que o impede de aproximar-se do verdadeiro e do bom; não saber que parte da loucura é a sua. Recusar esse desatino que é o próprio signo de sua condição é privar-se para sempre do uso razoável de sua razão. Pois se existe razão, é justamente na aceitação desse círculo contínuo da sabedoria e da loucura, é na clara consciência de sua reciprocidade e de sua impossível partilha. A verdadeira razão não está isenta de todo compromisso com a loucura; pelo contrário, ela tem mesmo de tomar os caminhos que esta lhe traça." (FOUCAULT, Michel. *História da loucura na Idade Clássica*. São Paulo: Perspectiva, 1978, p. 33.)

Alinhando-se ao pensamento de Erasmo, Foucault também considerou que só através da loucura o homem pode libertar-se dos grilhões da razão, ou, como afirmou o autor quinhentista, "rir de tudo é coisa dos tontos, mas não rir de nada é coisa dos estúpidos", já que só podemos alcançar a perfeita sabedoria, onde habita a felicidade, através da loucura.

Enfim, caro leitor, como escreveu Erasmo, "vejo que esperais uma conclusão. Mas sois realmente tolos se acreditais que depois de me entregar a tal efusão de palavras, eu ainda me lembre do que disse. Adeus, então! Aplaudi, bebei, vivei, ilustres iniciados da Loucura".

Entre a religião e a ciência

A REFORMA RELIGIOSA

Por conta da importância central que a Igreja tinha na sociedade europeia, como é fácil entender, atraía sobre si as principais atenções dos pensadores. Embora as minúcias teológicas, que preenchiam os acalorados debates entre os representantes das várias tendências religiosas do período, se distanciassem da compreensão da imensa maioria das pessoas, a Reforma Protestante foi, por seu significado e repercussões, um dos acontecimentos mais importantes da época que vimos tratando aqui, produzindo efeitos que escaparam às fronteiras dos debates eruditos, atingindo, profundamente, a economia, a arte e as demais manifestações culturais e de pensamento da Europa ocidental, de onde ganhou outros continentes, chegando a participar, de modo decisivo, do próprio desenho de sociedades coloniais.

MARTINHO LUTERO

Posto em marcha em 1517, quando Martinho Lutero (1483-1546) – professor de teologia na Universidade de Wittenberg – afixou suas 95 teses às portas da Igreja do Castelo da cidade, o movimento logo se espalhou pela Europa e outros continentes, ampliando-se, consideravelmente, por conta da atuação de João Calvino.

A Reforma não foi obra de um só homem, mas não é exagero considerar que ela não teria sido possível sem a decisiva atuação de Martinho Lutero. Aos 22 anos, Lutero entrou para a ordem dos agostinianos, e foi em 1511, ao visitar Roma, que o monge ficou chocado com algumas práticas de pessoas do clero, especialmente ligadas à venda de indulgências, transformadas em uma espécie de salvo conduto para a salvação dos pecadores, mediante pagamento em dinheiro. Assim, mesmo que suas teses tratem de questões como a justificação pela fé e o sacerdócio universal de todos os crentes – o que torna desnecessária a profissão de sacerdote –, foi nas indulgências e, diretamente, em seu principal propagandista – Johann Tetzel – que Lutero concentrou suas críticas.

É claro que essas críticas atingiram o papa Leão X, que, através dos inflamados discursos de Tetzel, apoiava a troca de indulgências por doações destinadas às obras da basílica de São Pedro, e foi para o porta-voz do pontífice que Lutero dirigiu sua 21ª tese: "Erram, portanto, os pregadores de indulgências que afirmam que a pessoa é absolvida de toda pena e salva pelas indulgências do papa." Por isso, na tese 33, aconselhava ser preciso ter "muita cautela com aqueles que dizem ser as indulgências do papa aquela inestimável dádiva de Deus através da qual a pessoa é reconciliada com Deus", já que "serão condenados em eternidade, juntamente com seus mestres, aqueles que se julgam seguros de sua salvação através de carta de indulgência" (tese 32).

Entretanto, se as pregações do reformador encontraram grande repercussão nos ambientes religiosos, ganharam o espaço público não apenas pela força de seus discursos ou a sutileza das questões teológicas em que se demoravam suas reflexões, mas pela clareza de suas denúncias contra uma Igreja que funcionava como Robin Hood às avessas, tirando dos pobres para beneficiar uns poucos abastados. Era preciso, portanto, "ensinar aos cristãos que, dando ao pobre ou emprestando ao necessitado, procedem melhor do que se comprassem indulgências" (tese 43), e que, "se o papa soubesse das exações dos pregadores de indulgências, preferiria reduzir a cinzas a Basílica de S. Pedro a edificá-la com a pele, a carne e os ossos de suas ovelhas" (tese 50).

Quem seria e como viviam as "ovelhas" referidas por Martinho Lutero? Em uma das passagens mais conhecidas da *Utopia*, como vimos, Thomas More fez referência a um país singular – a Inglaterra – em que "as ovelhas devoram seres humanos". Essa metáfora, reproduzida por Karl Marx em um dos capítulos centrais de *O capital*, em que trata da acumulação primitiva (livro I, cap. 24,), diz respeito aos rebanhos verdadeiros que foram postos no lugar dos camponeses ingleses, para suprir de lã as indústrias têxteis de Flandres – como veremos à frente –, enquanto os pacíficos animais referidos por Lutero referem-se ao rebanho dos crentes, extorquidos por seu *pastor* bem acomodado no Vaticano.

Para pôr em prática suas ideias, Lutero valorizava bastante o contato com os jovens, por reconhecer neles a tarefa de levar adiante a Reforma. Exemplo disso foi o discurso a eles dirigido, em 1531: "Nós, velhos, mergulhados na pestífera doutrina dos papistas, que assimilamos até à medula dos ossos [...], não podemos, mesmo hoje, à grande luz da verdade, tirar essa perniciosa opinião de nossas cabeças. Porque os hábitos adquiridos em nossa tenra idade enraízam-se com a maior pestilência. Mas os jovens, como vós, com as cabeças ainda frescas e não infectadas por essa perniciosa doutrina, terão menos dificuldades em aprender a conhecer Cristo mais puramente que nós, que somos velhos, em arrancar dos nossos espíritos essas blasfêmias."

Entretanto, para entender a rapidez com que a Reforma espalhou-se pela Alemanha, é importante conhecer a situação do país ao tempo de Lutero, traçando um breve desenho do terreno fértil onde suas pregações floresceram com muita força e rapidez.

Segundo o historiador francês Lucien Febvre, em 1517, a Alemanha era, essencialmente, "um país sem unidade". Ao contrário do restante da Europa, que via nascerem monarquias nacionais em torno da figura central de um rei, a Alemanha não tinha um soberano único, mas um imperador "que não era mais que um nome" e uma referência distante. Carlos V sacava de seu império bem menos do que alguns representantes do alto clero alemão, devendo correr de um lado para outro para vigiar o mundo e, ao mesmo tempo, a Alemanha, onde sua autoridade caía dia após dia, enquanto crescia a dos príncipes, senhores efetivos de seus domínios.

O imperador era pobre e impotente, mal ajeitado à frente de uma Alemanha que se organizava em torno de oito ou dez chefes regionais, instalados em cidades de grande esplendor, cada uma com suas instituições próprias, suas indústrias, sua arte e seus costumes singulares; cada uma com sua burguesia em plena e vigorosa atividade, edificando grandes fortunas, que acabavam nas mãos dos príncipes, instalados em seus "ninhos de águia" – na expressão de Febvre –, sempre protegidos das milícias burguesas. As cidades, exemplos de riqueza e dinamismo, representavam, ao mesmo tempo, a debilidade da Alemanha, já que os frutos dessa atividade efervescente também tinham de sustentar a construção e manutenção de vasto e custoso aparato bélico (com pessoas, muralhas e canhões), além da onerosa diplomacia imperial, instalada em lugares distantes uns dos outros e apenas unidos por correios igualmente dispendiosos. Em suma, a Alemanha de Lutero era uma espécie de corpo retalhado, ao qual faltava uma cabeça, um comando único.

Diante dessa situação, qualquer solução parecia impossível. Se fortalecessem o imperador – por meio de recursos financeiros, exército e sistema jurídico nacionais –, nobreza e burguesia, cada uma com seus próprios e opostos interesses, teriam reduzida sua força, desenhando-se vasto leque de desejos, dividindo de cima a baixo um ambiente social em que a única coisa comum a todos era a insatisfação.

Insatisfação de burgueses e camponeses que, no fim das contas, pagavam preços elevados para que o imperador representasse ante o papa seu papel de chefe temporal da cristandade; insatisfação de príncipes e nobres, que se demoravam na contemplação cotidiana dos grandes e ricos domínios vitalícios da Igreja alemã, sentindo crescer a cada dia a vontade de transformá-los em propriedades plenas, dinásticas e hereditárias de suas próprias linhagens. Enfim, a riqueza da Alemanha parecia estar sempre do outro lado do abismo e o descontentamento generalizado só poderia ser atenuado se fosse construída uma ponte para unir as duas margens.

> **UMA ALEMANHA À ESPERA DE UNIFICAÇÃO**
>
> "A Alemanha era um país sem unidade: isto é essencial. Havia alemães numerosos, fortes, ativos, muitos deles falavam dialetos próximos uns dos outros e que tinham costumes, usos, modos de vida e pensamento comuns. Esses alemães formavam uma 'nação', no sentido medieval da palavra. Não estavam todos agrupados, solidamente, em um Estado bem unificado e centralizado, corpo harmonioso de movimentos dirigidos por um único cérebro." (FEBVRE, Lucien. *Martín Lutero: un destino.* Trad. Tomás Segovia. México: Fondo de Cultura Económica, 1992, pp. 95-6.)

Coube a Martinho Lutero falar por essa Alemanha dividida: "nenhuma nação é mais desvalorizada que a alemã. A Itália nos chama de bestas, França e Inglaterra troçam de nós, assim como todos os demais!", bradava. A solução histórica deflagrada por ele, mesmo que em plano inconsciente, resultou no rompimento com a Igreja de Roma, na apropriação dos bens do clero alemão e na unificação do país em torno da Reforma.

A REFORMA FORA DA ALEMANHA – SUÍÇA E FRANÇA

Em pouco tempo, o exemplo da Alemanha atravessou a fronteira e chegou a outros países da Europa, obviamente adaptado às circunstâncias peculiares de cada formação social.

A Suíça foi um desses países. Ali, a Reforma foi conduzida por Ulrico Zuínglio (1484-1531), um sacerdote com fortes inclinações humanistas, bastante ligado a Erasmo de Roterdã, de quem também lhe vieram inspiração e argumentos para contrapor-se a algumas das práticas, dogmas e valores da Igreja Católica, como a devoção aos santos, a existência do purgatório e – assim como Lutero – o celibato. Além disso, Zuínglio posicionou-se fortemente contra a venda de indulgências, afirmando a existência de uma relação direta entre Deus e os homens, tornando desnecessária qualquer *ponte* entre eles, não sendo descabido lembrar que a palavra *pontífice*, em seu sentido originário, significa *construtor de pontes*, o que ajuda a esclarecer a contrariedade com que o papa e seus auxiliares encararam a Reforma. Em suma, para o historiador inglês Geoffrey Rudolph Elton, Zuínglio lutou por uma ruptura completa com o passado recente da Igreja, encorajou a destruição das imagens e negou o caráter sacrificial da missa, afirmando que a eucaristia tinha caráter apenas simbólico; enfim, para o reformador, a salvação seria uma experiência interior pura, na qual os sacramentos e as cerimônias não desempenhavam qualquer função.

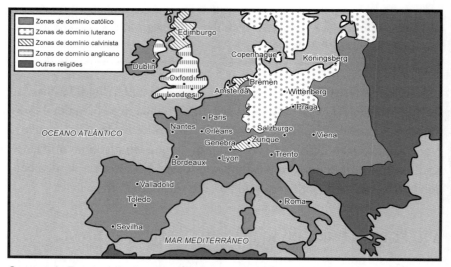

O mapa da Europa (séculos XVI-XVII) indica os domínios religiosos à época da Reforma e da Contrarreforma: a religião católica permaneceu em Portugal, Espanha, Itália, França, parte do Reino Unido, além do extenso território abarcado pela Monarquia de Habsburgo (Áustria-Hungria), com capital em Viena, em meio à expansão da Igreja reformada nas demais regiões do continente.

Fortemente apoiado em Zurique, inclusive pelo governo, o movimento dirigido por Zuínglio dividiu o país em dois, mantendo-se metade dele fiel à Igreja de Roma. Para propagar suas ideias, o reformador promoveu debates públicos com representantes da Igreja Católica, em Zurique e Berna, destacando-se por sua poderosa oratória. Esses debates logo incitaram a luta armada, iniciada em 1529, com apoio do Conselho de Zurique, por solicitação do próprio Zuínglio, e foi em uma dessas batalhas, travada dois anos depois, que ele acabou morto.

Quando Lutero divulgou suas 95 teses, em 1517, o francês João Calvino (1509-1564) tinha 8 anos de idade. Além dos 26 anos que separam seus nascimentos, essas datas significam que Calvino formou suas convicções, como teólogo e humanista, em um ambiente em que a unidade da Igreja já estava rompida. Ao contrário de Lutero, não foram tensões espirituais as responsáveis por sua adesão à Reforma, mas sim suas convicções intelectuais e a certeza de que a verdade redescoberta estava ao alcance de quem aceitasse buscá-la. Por um tempo dividido entre a teologia, que o interessava diretamente, e o estudo do Direito, que frequentou durante dois anos por determinação do pai, após a morte deste, Calvino entregou-se integralmente aos estudos religiosos, do que resultou sua obra mais famosa, *Instituição da religião cristã*, publicada em 1536, quando ele tinha apenas 27 anos. O livro teve consagração imediata e promoveu o teólogo à posição de novo líder reformador. Escrito para ser compreendido fora dos círculos eruditos, o trabalho foi revisto pacientemente pelo autor até sua edição definitiva, em 1559.

Em seus debates doutrinários – e não apenas neles – Calvino mostrou-se um combatente incansável e impiedoso. Em Genebra, por exemplo, desenvolveu intensa campanha contra a prostituição, convencendo os magistrados a abrir algo como tabernas eclesiásticas, onde o consumo moderado de bebidas seria compensado com propaganda religiosa. A mudança desagradou imediatamente a população, que exigiu e obteve a reabertura das antigas tabernas. Quanto aos mais ricos, o reformador também tentou, sem sucesso, moderar seus hábitos de vida e consumo, mas encontrou forte resistência.

Em 1553, Calvino foi enfrentado pelo espanhol Miguel Servet, cuja obra atacava, diretamente, o livro *Instituição da religião cristã*. O "herege", então em Viena, foi denunciado por Calvino, mas conseguiu fugir da prisão e, por razões jamais sabidas, seguiu para Genebra, onde acabou caindo nas mãos de Calvino. Por interseção do reformador, Servet foi preso, condenado e executado na fogueira, apesar da apelação do denunciante pela comutação da pena e sua transformação em uma "mais misericordiosa", a decapitação...

Em meados do século XVI, o calvinismo já se firmara como principal corrente da Reforma Protestante e, quando seus adeptos – por conta da perseguição e resistência que sofriam – assumiram, cada vez mais, posições radicais, o movimento teve de enfrentar, com a mesma convicção, eclesiásticos da "velha" Igreja e governantes civis. Mas a força do calvinismo também veio da teologia da predestinação, que oferecia aos crentes o consolo de que, se Deus os escolhera, pouco importava a rejeição dos homens. Essa convicção levou os seguidores de Calvino a adotarem um profundo desprezo pelos outros, amparado em forte autoconfiança.

Do ponto de vista de uma cartografia do calvinismo, sua expansão fez-se, sobretudo, na França, nos Países Baixos e na Inglaterra, onde a Reforma ainda não se instalara, sendo que, na Escócia – o único país que adotou integralmente o calvinismo, em meados do século XVI –, a nova fé era seguida, principalmente, pelos revoltosos contra o governo francófilo ali instalado.

Embora tenha sido um movimento essencialmente religioso, a Reforma teve consequências em outras dimensões da vida social, como aconteceu na Inglaterra, quando imensas propriedades rurais da Igreja Católica – que tinha o domínio de grande parte do solo inglês – foram confiscadas e lançadas no mercado, reforçando as bases do capitalismo em formação. Enquanto a supressão dos conventos lançava seus moradores à pobreza, os bens da Igreja foram doados a protegidos da Coroa ou vendidos a preços irrisórios a arrendatários e especuladores, que também se encarregaram de expulsar, maciçamente, os antigos súditos hereditários, abolindo-se, ao mesmo tempo, as garantias legais que destinavam aos pobres parte dos dízimos, igualmente extintos.

A CONTRARREFORMA

A Reforma sensibilizou muitos, representando uma esperança efetiva de felicidade, a ser conquistada no plano espiritual. Entretanto, muitas de suas propostas chocavam-se com práticas multisseculares, cujas raízes mergulhavam, profundamente, na consciência religiosa das pessoas, como o culto aos santos de devoção, as peregrinações e procissões, os rituais das missas; enfim, alguns caminhos mais visíveis e quase concretos, prometendo salvar pessoas que carregavam vivamente na memória as terríveis imagens do inferno construídas, em detalhes, pela Igreja medieval. Para muitas delas, escapar do castigo eterno pela via mais fácil dos costumes transmitidos na sucessão de gerações continuou parecendo menos complicado do que adotar intrincados e angustiantes mecanismos de introspecção e regeneração interior.

Enquanto o pêndulo da decisão movia-se de um lado para outro, ora atraindo, ora repelindo as legiões dos crentes, algumas vozes contrárias à Reforma logo se fizeram ouvir, a começar, por razões óbvias, na própria Alemanha. Um dos mais ferrenhos opositores de Lutero foi o teólogo Johann Maier von Eck (1486-1543), de Ingolstadt, que durante mais de vinte anos pregou e escreveu intensamente contra a Reforma. Sua obra mais famosa – *Obeliscos* – foi imediatamente respondida por Lutero com os *Asteriscos*. Andreas Rudolph Bodenstein (1486-1541), teólogo ligado a Lutero, também redigiu teses contra o livro de Eck, que acabou por desafiá-lo para um debate público, ocorrido em Leipzig, entre 27 de junho e 16 de julho de 1519, com a presença do próprio Lutero. Enquanto Eck e Bodenstein discutiram a temática da graça, coube a Lutero debater as questões do primado papal, do direito divino do papa e da autoridade dos concílios, deixando de lado o problema das indulgências.

Essas discussões públicas projetavam ainda mais o reformador de Wittenberg como representante da nação alemã, um papel reforçado pela produção incansável de textos, abundantemente reproduzidos, para se defender das acusações feitas por teólogos ligados à Igreja tradicional, como Eck. Este, aliás, era bastante dedicado a questões mais *terrenas*, como no caso da defesa que fez do direito de se cobrar juros pelos empréstimos feitos por banqueiros, o que lhe valeu ser acusado de defender mais os interesses dos Fugger – uma das mais importantes famílias de banqueiros e mercadores da época – do que os da Igreja de Roma... Aqui, convém lembrar que os exércitos de Carlos V só descruzaram os braços quando um vantajoso empréstimo dos Fugger veio em socorro da miséria financeira que atingia os Habsburgo, permitindo o pagamento dos soldos atrasados.

O humanista Johann Cochlaeus (1479-1552) também combateu vigorosamente a Reforma, relacionando-a, diretamente, à insatisfação dos camponeses e dos pobres das cidades, "envenenados pelos inúmeros e abusivos panfletos e discursos que se imprimem e declamam entre eles contra a autoridade papal e secular". Para ele, esse descontentamento era animado pelas pregações de Lutero, contra quem Cochlaeus promoveu sistemática campanha, especialmente dedicada à investigação de sua vida e ao desenho de sua personalidade, com traços que chegaram a comprometer, durante séculos, como afirmou o historiador Geoffrey Elton, as investigações históricas sobre o deflagrador da Reforma.

Na Inglaterra, a Contrarreforma teve em Henrique VIII um de seus mais notáveis – e contraditórios – representantes, o que se restringe apenas à parte inicial de seu governo. Na primeira metade de seu reinado, por conta de um panfleto redigido em 1521 contra Lutero, o rei foi considerado defensor da Igreja de Roma e respeitador dos papas, o que lhe rendeu o título de *Defensor da Fé*, concedido por Clemente VII. No pequeno e bem escrito livro, Henrique VIII defendia os sete sacramentos do catolicismo, reduzidos a dois pela Reforma (batismo e eucaristia), destacando, particularmente, o significado do sacramento do matrimônio – baseado na pureza do amor conjugal, destinado à reprodução e diametralmente oposto à "vergonha da luxúria".

Na prática, contudo, o monarca encarregou-se de interpretar a seu modo essa beleza do matrimônio, que ele talvez buscasse em seus seis casamentos e no modo pouco usual que adotou para livrar-se de algumas sucessoras de Catarina de Aragão, sua primeira esposa, da qual se divorciou em 1533: duas foram abatidas no cepo – Ana Bolena e Catarina Howard – e uma foi repudiada logo após o casamento (Ana de Clèves). Com Jane Seymour, o casamento foi interrompido pela morte após o parto de Eduardo VI e com Catarina Parr a união durou cerca de cinco anos, até a morte do rei.

Recorde-se que a conturbada vida conjugal de Henrique VIII acabou levando à execução um dos principais representantes do humanismo inglês, Thomas More, que defendia a submissão rigorosa à autoridade religiosa de todos aqueles que fossem considerados hereges, o que passou a incluir o monarca, desde o momento em que deu início à sucessão de casamentos e separações que marcaram sua biografia. Além disso, coube ao próprio papa Clemente VII – o mesmo que concedera ao rei o título de *Defensor da Fé* – negar-lhe a autorização para que se divorciasse da primeira esposa para se casar com Ana Bolena. Enfim, esse imbróglio resultou no rompimento de Henrique VIII com a Igreja de Roma e na criação de sua própria igreja, colocando-se o rei como sua maior autoridade.

Esses e outros atos opostos, misturando motivações de interesse pessoal, político e religioso – tendo como pano de fundo as tensas relações entre a Igreja e o Estado –, dificultam e, ao mesmo tempo, atraem os historiadores interessados em avaliar o papel histórico do controvertido e despótico monarca. Aqui, o que importa destacar é que, além das questões de fundo religioso, o rompimento com a Igreja de Roma permitiu que as imensas propriedades de terra que esta mantinha sob seu domínio fossem lançadas ao mercado, doadas a protegidos da corte ou arrendadas por preços irrisórios, acelerando ainda mais o processo de expulsão dos camponeses do solo inglês, como veremos adiante.

Embora combatesse Lutero e os reformadores, Henrique VIII permitiu a tradução da Bíblia para a língua vulgar, facilitando sua leitura pelo povo e admitindo que ela fosse reconhecida como única regra da fé, alinhando-se aos protestantes.

Para fazer frente à cisão no mundo católico, provocada pela Reforma, a Igreja de Roma decidiu agir mais diretamente, a começar pela convocação do Concílio de Trento, em 1545, com o que também parecia atender a antigas reivindicações de setores do clero que propugnavam por mudanças, bem antes de Lutero e os reformadores entrarem em cena. Os trabalhos do concílio começaram por destacar, especialmente, questões doutrinárias e morais, algumas das quais diretamente relacionadas ao movimento protestante. Uma delas foi a reafirmação de que, no sacramento da eucaristia, após a consagração do pão e do vinho, Cristo, "verdadeiro Deus e verdadeiro homem, contém-se verdadeira, real e substancialmente sob a espécie dessas coisas sensíveis". O concílio também condenou à excomunhão todos quantos afirmassem que o ímpio se justifica apenas pela fé, dispensando-se qualquer outra forma de preparação, penitência ou disposição voluntária para que fosse justificado, destinando-se a mesma punição a quem negasse um ou mais dos sete sacramentos instituídos por Cristo ou afirmasse que a todos os cristãos, e não apenas aos clérigos, fora dado o poder de anunciar a palavra divina e administrar os sacramentos.

Quanto às indulgências, que forneceram o combustível inicial para o movimento da Reforma, a posição da Igreja foi bastante clara: ao mesmo tempo que reafirmou sua importância, reconheceu, explicitamente, os abusos que, em seu nome, foram praticados, inclusive para auferir "lucros ilícitos" dos fiéis. Para defender sua manutenção, o Concílio de Trento partiu da consideração de que, se o poder de concedê-las foi atribuído à Igreja pelo próprio Cristo, sendo utilizadas desde tempos remotos, com grande proveito pelos povos cristãos, deveriam ser mantidas, embora com moderação, "a fim de que, pela facilidade de concedê-las, não decaia a disciplina eclesiástica. E ansiando para que se emendem e corrijam os abusos que se introduziram nelas, motivo que leva os hereges a blasfemarem contra elas, estabelece em geral, pelo presente decreto, que se exterminem de forma absoluta todos os lucros ilícitos que se cobram dos fiéis para que as consigam; pois disto se originaram muitos abusos no povo cristão".

    O Concílio não foi a única reação ou resposta à Reforma Protestante dada pela Igreja Católica, que procurava reorganizar-se por meio de um movimento que é conhecido como Contrarreforma. Em meio a esse esforço de transformação e renovação da atuação da Igreja foi criada, por exemplo, a Companhia de Jesus, cujas ações concentraram-se nas missões estrangeiras e na formulação e desenvolvimento de um programa pedagógico-educacional, com o qual pretendia fazer frente ao projeto educacional protestante, uma das grandes preocupações de Martinho Lutero, que considerava os jovens fundamentais para a propagação da Reforma. Sobre a Companhia de Jesus, recorde-se que ela teve grande importância nos primeiros séculos da colonização do Brasil, tema que fica apenas registrado, mas que não será aqui desenvolvido, por conta dos objetivos deste livro.

E O SABER, ASSIM COMO A TERRA, SE MOVE...

    O conflito entre a Igreja tradicional e o movimento da Reforma, além de todas as implicações até aqui referidas, acabou dando novo fôlego à Inquisição, inclusive mudando seus alvos preferidos. Se, até então, as fogueiras visavam, principalmente, ao suplício de pessoas consideradas feiticeiras, magos ou hereges, o Santo Ofício passou a destinar seus tribunais e sua lenha à queima ou à condenação de sábios, cujas ideias eram consideradas ameaçadoras ao poder multissecular da Igreja sobre a produção e circulação de conhecimento. Para os mais contundentes, como Giordano Bruno, o destino era a fogueira; aos demais, os interrogatórios, a imposição do silêncio, a obrigatoriedade de confessar arrependimento ou o filtro dos censores do Santo Ofício, de quem dependia o direito à publicação de livros ou sua inclusão no *Index* das obras proibidas.

Mas, a despeito de todo esse aparato repressor, o poderoso privilégio mantido pela Igreja Católica sobre o conhecimento começou a ser ameaçado por alguns pensadores e cientistas, responsáveis por um lento, mas decisivo, processo de laicização do saber. Apesar de ser essa uma das ideias mais consagradas para representar o período, ou talvez por isso mesmo, parece dispensar reflexões, o que põe na sombra algumas questões fundamentais.

É óbvio que a força da Igreja, acumulada durante séculos, fazia dela a principal, senão a única, instituição para onde acorriam – muitas vezes, independentemente de qualquer vocação clerical – as pouquíssimas pessoas que desejavam e tinham condições de obter alguma espécie de formação cultural, cujos princípios, componentes e demais características eram determinados, integralmente, pelas autoridades religiosas. Alguns desses personagens destacaram-se por questionar, por dentro, a propriedade do conhecimento que a Igreja concentrara e mantinha – graças à censura, delação, perseguição, isolamento ou eliminação, pura e simples, daqueles que ela considerava seus opositores.

Depois de abandonarem os ambientes conventuais, ou mesmo ainda fazendo parte deles, teólogos e pensadores denunciavam em seus livros e debates as práticas obscurantistas das autoridades eclesiásticas contra a liberdade de pensamento ou outras ações condenáveis, como aquelas que desencadearam a Reforma Protestante, em que pesem os rumos que Lutero tomou em seguida. Referimo-nos, aqui, especialmente, à sua associação ao papa para reprimir, com extrema violência, as "hordas assassinas de camponeses", mobilizados na Alemanha, afirmando ser "preciso despedaçá-los, degolá-los e apunhalá-los, em segredo e em público", convidando quem pudesse a fazê-lo, "como se tem de matar um cachorro louco!". Por isso, conclamava o exaltado pregador, "quem aí o possa, salve, apunhale, bata, enforque e, se morrer por isso, morte mais feliz jamais há de poder alcançar".

Além dele, como foi visto, outros grandes representantes do humanismo renascentista, como François Rabelais, Thomas More ou Erasmo de

Roterdã, tiveram formação teológica, valendo-se dela, inclusive, para sustentar suas críticas à Igreja e denunciar os freios, muitas vezes concretos, com que ela barrava os *entusiasmos* da população, em suas lutas por condições de vida mais dignas, como, em sentido inverso, acabou atuando Martinho Lutero.

Isso não quer dizer que, já na Idade Média, não tivesse vicejado, embora com menor visibilidade, uma cultura laica, praticada por intelectuais desvinculados da Igreja ou que com ela mantinham relações apenas circunstanciais, como Abelardo, por exemplo, preceptor de Heloísa e protagonista de fatídica e bastante conhecida história de amor. Sobre isso, e ampliando o foco, Édouard Perroy afirma que, já no século XIII, é possível encontrar importantes manifestações de conhecimento externo aos ambientes e valores determinados pela Igreja.

A VALORIZAÇÃO DA RAZÃO E DA EXPERIÊNCIA

"Desdenhando as autoridades, afirmando o primado da experiência, considerada como fonte de todo o conhecimento, estas ideias abriram à investigação um campo totalmente livre da tutela eclesiástica. Enquanto as viagens dos missionários e dos mercadores forneciam uma imagem mais completa, se não sempre exata, da extensão do mundo e da diversidade estrangeira do grego, do árabe, do hebraico, agora já é possível a aplicação da razão, fora dos quadros da fé, à moral, à política e mesmo à constituição da Igreja." (PERROY, Édouard. "O florescimento da Europa Feudal (cerca de 1150 – cerca de 1320)". In: CROUZET, Maurice (dir.). *História geral das civilizações*. 2. ed. Trad. J. Guinsburg e Vítor Ramos. São Paulo: Difusão Europeia do Livro, 1958, v. 2, t. 3, p. 161.)

É importante destacar aqui que, embora seja necessário afirmar, sempre, esse movimento de laicização do conhecimento como uma das características essenciais do humanismo, isso jamais significou que os livros das impenetráveis bibliotecas conventuais estivessem se fechando aos olhos dos padres, para abrir-se à curiosidade ou à crítica de uma população sedenta de saber.

Além da lentidão que caracterizou esse processo, pesava sobre a quase totalidade das pessoas a sombra atroz do analfabetismo, vez por outra, amenizado pela leitura coletiva de algum almanaque popular, cuja produção foi abundante no período e à qual se dedicaram até escritores de grande erudição, como François Rabelais, principalmente para resolver seus constantes apertos financeiros.

O conhecimento sofria profundas alterações e, de fato, trocava de mãos, mas quase nada escorria por entre os dedos dos novos proprietários que pudesse servir ao conjunto da população. A não ser que se acredite que, por milagre, as complexas reflexões de Nicolau Copérnico (1473-1543) sobre o universo, por exemplo, pudessem ser compreendidas e assimiladas pela massa de camponeses analfabetos ou mesmo dos artesãos concentrados nas pequenas cidades e aldeias, igualmente iletrados, e cuja principal preocupação, em ambos os casos, era sobreviver às dificuldades cotidianas.

É claro que não se ignoram os efeitos que, mais cedo ou mais tarde, essas mudanças no paradigma científico exerceriam sobre a população, mesmo que ela não se apercebesse deles imediatamente, como, aliás, ocorre ainda em nossos dias. Mas não parece descabido supor que as chamas que consumiram Giordano Bruno (1548-1600) foram mais evidentes e compreensíveis (ou atraentes?) do que suas ideias *Acerca do infinito, do universo e dos mundos*, por conta das quais, aliás, foi supliciado na fogueira em 1600.

Resistindo à tentação de propor ao leitor de hoje refletir sobre os abalos que as ideias de Copérnico, Giordano Bruno ou Galileu, por exemplo, produziram à sua época e avaliar suas implicações para a história do conhecimento científico e as práticas e experiências que marcaram o início da Idade Moderna (como aquelas relativas às artes e ciências da astronomia e da navegação), acrescentaremos mais uma questão importante e bastante polêmica.

Embora o confronto mais evidente entre esses pensadores e outros humanistas tenha sido travado com as autoridades eclesiásticas – o que é facilmente compreensível, haja vista a tenacidade com que a Igreja defendia seu domínio sobre as mais variadas formas de saber –, isto não representa, daí para frente, um rompimento radical e definitivo entre ciência e religião. Seria mais adequado considerar que foi contra a intolerância obscura, violenta e cobiçosa das autoridades eclesiásticas que esses cientistas e letrados dirigiram suas críticas e tiveram seus enfrentamentos. Não foi contra a religiosidade dos camponeses que Nicolau Copérnico contrapôs sua afirmação de que "o que nos parece movimento do Sol não provém do movimento deste, mas do movimento da Terra e de nossa esfera, junto com a qual giramos em redor do Sol, o que acontece com qualquer outro planeta".

O dominicano Giordano Bruno, por sua vez, foi mais além, ao afirmar em uma obra intitulada *Acerca do infinito, do universo e dos mundos* que, "se o universo é infinito e imóvel, não há necessidade de procurar o seu motor", o mesmo acontecendo com os outros infinitos mundos contidos no universo (as terras, os fogos e outras espécies de corpos chamados astros). Ora, apenas por essa brevíssima citação, pode-se perceber o quanto essas ideias contrariavam a imagem do universo admitida pela Igreja Católica, a partir da reinterpretação que teólogos medievais fizeram da concepção aristotélica de um mundo finito, que apenas distinguia o Céu e a Terra. Além disso, o que é muitíssimo significativo, a primeira das cinco provas da existência de Deus propostas por São Tomás de Aquino (1225-1274) afirmava que ela restava provada porque existe movimento no universo e que todo movimento tem uma causa que é exterior ao ser que é movido. Assim, cada corpo sendo movido por outro corpo, é imprescindível que haja um primeiro motor, não movido por qualquer outro e que é a origem do movimento: "esse primeiro motor é Deus".

Pouco adiante, no mesmo texto, Giordano Bruno afirmou que a Terra "não está fixa em parte alguma; a qual demonstramos girar à volta do próprio centro e em torno do Sol". Essas afirmações, comprovadas pela experiência, contrariavam, frontalmente, a ideia a que se aferravam os padres da Igreja de que a Terra era um corpo imóvel, à volta do qual giravam o Sol e os outros astros, constituindo, assim, o centro do Universo, onde Deus pusera o rebanho humano, sua obra-prima, e, obviamente, eles próprios, os infalíveis pastores que deveriam levar o povo à salvação...

GALILEU GALILEI

Depois de rápida passagem por um monastério de Pisa, descontente, ao que se acredita, com os métodos de ensino, Galileu Galilei (1564-1642) transferiu-se para o curso de Medicina, em 1581, no qual permaneceu durante quatro anos. Em seguida, decidiu estudar Matemática, concentrando seus interesses em balística, hidráulica e mecânica. Em 1592, a seu pedido, transferiu-se para Pádua, por considerá-la mais tolerante em relação à liberdade de investigação. De 1600 a 1609, entre outros estudos, elaborou seu tratado sobre o movimento e, no último daqueles anos, desenvolveu seu famoso *perspicilli*, ou telescópio, instrumento que lhe permitiu observar mais detalhadamente o céu, seja para aprimorar sua visão sobre astros visíveis a olho nu, seja para ver outros até então ocultos à visão humana. Em seu saboroso relato sobre essas experiências, Galileu escreveu sobre a importância de se acrescentar ao grande número de estrelas fixas que os homens puderam, até então, observar a olho nu, outras estrelas inumeráveis, abrindo ao olhar esse espetáculo anteriormente oculto.

O uso do telescópio permitiu a Galileu fazer outras descobertas, descritas sempre com grande entusiasmo. Uma das mais interessantes é aquela que descreveu como "coisa magnífica e agradável à vista contemplar o corpo da Lua" com o auxílio do telescópio: "qualquer pessoa pode dar-se conta, com a certeza dos sentidos, de que a Lua é dotada de uma superfície não lisa e polida, mas feita de asperezas e rugosidade, que, tanto como a face da própria Terra, é por toda parte cheia de enormes ondulações, abismos profundos e sinuosidades". Para se ter ideia aproximada do significado da descrição da Lua feita por Galileu – algo que, hoje, não surpreenderia um estudante do ensino básico – é suficiente lembrar que ela punha abaixo o princípio aristotélico da incorruptibilidade celeste. Além disso, ele sustentava sua certeza pelos sentidos, algo arriscado à época, quando era a fé que deveria determinar a verdade inquestionável das coisas, o que incluía, também, a textura do solo lunar...

A despeito de a Igreja se manter aferrada à concepção geocêntrica segundo a qual o centro imóvel do universo era a Terra, Galileu manifestou-se favorável à teoria heliocêntrica, algo que sua teoria das marés – diretamente provocadas pelo movimento do planeta –, além das demais evidências colecionadas por Copérnico e Giordano Bruno, por exemplo, comprovavam cabalmente.

Enfim, destino de muitos outros, Galileu acabou encarcerado pelo Santo Ofício em 1633. Para continuar vivo, negou suas teses e retratou-se, mas acabou condenado à prisão perpétua, cumprida em casa, sob a vigilância direta da Inquisição.

Mas será que acreditar nos postulados de Copérnico, nas ideias de Galileu ou de Giordano Bruno sobre o cosmos – embora contrariasse as pétreas convicções defendidas pelos doutores da Igreja – representava alguma forma de ateísmo? Lembremos que os teólogos da Sorbonne, por exemplo, incluíram os livros de François Rabelais no índice daqueles que não deveriam ser lidos por bons católicos. Entretanto, como bem demonstrou o historiador Lucien Febvre, em seu livro *O problema da descrença no século XVI: a religião de Rabelais*, não há em *Gargântua e Pantagruel* nenhum sinal ou incentivo ao ateísmo. O que há, isto sim, são críticas mordazes aos homens da Igreja, que se assenhorearam da educação do *rebanho*, para apascentá-lo a seu favor e em seu benefício, como se pode ler no excerto a seguir.

Na verdade, enquanto a Terra e os planetas se moviam ao redor do Sol, temerosos de perder seus privilégios, imobilizados – estes, sim – no conforto de seus conventos e palácios, os antigos guardiães das verdades que se desmentiam assistiam, sem compreender, novos homens, novas ideias, novos livros e novos mundos gravitarem à volta de seus pequenos, atordoados e adormecidos intelectos.

A ILHA CORCUNDAL E SEUS ESTRANHOS HABITANTES

"Na ilha, havia pássaros grandes, belos e polidos, em tudo semelhantes aos homens de minha pátria, bebendo e comendo como homens, digerindo como homens, dormindo como homens [...]. Vê-los era uma bela coisa. Os machos chamavam-se clerigaus, monagaus, padregaus, abadegaus, bispogaus, cardealgaus e papagau – este era o único de sua espécie. [...] Perguntamos por que havia só um papagau. Responderam-nos que dos clerigaus nascem os padregaus, dos padregaus nascem os bispogaus, destes os belos cardealgaus, e os cardealgaus, se antes não os leva a morte, acabam em papagau, de que ordinariamente não há mais que um, como no mundo existe apenas um Sol. Mas, onde nascem os clerigaus? Vêm dum outro mundo, em parte de uma região maravilhosamente grande, que se chama Dias-sem-pão, em parte doutra região Gente-demasiada. [...] A coisa passa-se assim: quando, nalguma família desta última região, há excesso de filhos, corre-se o risco de a herança desaparecer, se for dividida por todos; por isso, os pais vêm descarregar nesta ilha Corcundal os filhos a mais [...]. Dizemos 'Corcundal' porque esses que para aqui trazem são em geral corcundas, zarolhos, coxos, manetas, gotosos e malnascidos, pesos inúteis na terra [...]. Maior número ainda vem de Dias-sem-pão, pois os habitantes dessa região encontram-se em perigo de morrer de fome, por não ter com que se alimentar e não saber nem querer fazer nada, nem trabalhar em arte ou ofício honesto, nem sequer servir a outrem, ou cometeram algum crime que poderá levar à pena de morte [...], então voam para cá, tomam aqui este modo de vida, e subitamente engordam e ficam em perfeita segurança e liberdade."(RABELAIS, François. *Gargântua e Pantagruel*. Belo Horizonte: Villa Rica, 1991. Apud MARQUES, Adhemar; BERUTTI, Flávio e FARIA, Ricardo. *História Moderna através de textos*. 2. ed. São Paulo: Contexto, 1990, pp. 94-5.)

"A fabricação (divina) do rei"

O ESTADO E O BEM-ESTAR DOS PRIVILEGIADOS

Até agora, neste livro, as referências ao Estado foram sempre indiretas, breves e circunstanciais, à exceção da Itália, quando foram trabalhadas mais detidamente as obras de Maquiavel, Christopher Hibbert e, em menor escala, Jacob Burckhardt. Contudo, quando se pensa em História Moderna, por sua importância fundamental e pelas múltiplas e estratégicas funções que desempenhou no período, o Estado ocupa lugar central.

A cultura historiográfica sobre o Estado é vastíssima, constituindo tema privilegiado de reflexão para teóricos representativos dos mais variados sistemas de pensamento e áreas do conhecimento, desde quando surgiram, no final da Idade Média, as chamadas monarquias nacionais.

Pela natureza deste livro e por conta de minha opção consciente, não se vai aprofundar aqui a discussão sobre a natureza histórica da monarquia absolutista, o que também se faz em respeito à paciência do leitor, poupando-o dos detalhes e sutilezas de debates muitas vezes áridos que, partindo do futuro, tentam *adivinhar o passado* para construir e justificar esquemas explicativos que possam caracterizar o que foi, de fato, a monarquia nacional em suas origens e qual a sua natureza.

Dito de outra forma, quais os grupos que, intencionalmente ou não, acabaram favorecidos por suas práticas de governo? Seria a burguesia nascente a beneficiária desse *Estado de transição*, contrário à nobreza? – como entendeu Karl Marx, mesmo que a Coroa não pudesse apoiá-la claramente, pelo fato de não estar ainda estabelecido o modo de produção capitalista e de não estar essa classe constituída plenamente. Seria a monarquia uma entidade relativamente autônoma em relação a uma luta de classes ainda por vir, promovendo o equilíbrio de forças entre a nobreza (dominante politicamente) e a burguesia (economicamente mais forte), como pensou Engels, e cujo confronto mais direto só se manifestaria na França, séculos depois, no final do Antigo Regime? Ou seria, ainda, a expressão dos derradeiros esforços da nobreza, visando à manutenção de seus antigos poderes e privilégios?

O leitor deve ter notado que, no parágrafo anterior, não por acaso, sublinhamos *Estado de transição*. Isso se deve ao fato de que, tradicionalmente, a formação das monarquias nacionais tem sido considerada pela historiografia um dos elementos centrais da "transição do feudalismo para o capitalismo", uma expressão que tem sido repetida quase que automaticamente, como se encerrasse, em sua discutível clareza ou existência, uma verdade inquestionável e absoluta, a partir da compreensão integral de cada um de seus termos. Para superar a paupérrima ideia de ruptura, que em História significaria a passagem abrupta de uma fase ou período para outro imediatamente subsequente e suficientemente diferente do anterior, para justificar a chegada de uma nova era, a ideia de transição ganhou espaço entre os historiadores, caracterizando um período que não é o que era há pouco nem é o que virá a ser em breve. Confuso, não é? No caso da monarquia nacional, isso significa que ela não pôde assumir, desde o início, um caráter burguês – já que essa classe ainda *não era* –, nem manter-se alinhada à nobreza – uma força social que *já fora* e estava condenada à ruína ou à adaptação aos novos tempos; enfim, em ambos os casos, ao desaparecimento.

Retomemos a narrativa pondo de lado a ideia de transição, junto da qual logo vem a ideia de crise, no caso, a crise do feudalismo – algo que, por si, também comporta outros debates infindáveis, a começar pela própria pertinência do termo *feudalismo* como um sistema historicamente definido, tanto na esfera econômica quanto na social e política. Antes disso, porém, é importante registrar que essas escolhas não significam que a discussão de conceitos histórico-historiográficos não seja fundamental para o estudo de nossa disciplina. Minha compreensão é que essas questões não são próprias para um livro como este e exigiriam longuíssimas análises e interpretações, que só seriam finalizadas pela tomada de posição de quem constrói a história, o que quase nunca – ou nunca – é levado ao conhecimento do leitor, para quem, na maioria dos casos, a narrativa que se lê reproduz a história "tal qual aconteceu de fato", independentemente das preferências ou tendências interpretativas do autor, escondidas por detrás do nome que aparece na capa dos livros.

Ora, de acordo com o francês Paul Ricoeur, um dos mais importantes filósofos dedicados a pensar epistemologicamente a história, ela tem por função nomear o que mudou, o que foi abolido, o que foi *outro*. Aplicadas essas considerações ao nosso caso, parece mais importante – e factível – representar a monarquia nacional à época de sua formação do que verificar como eram as monarquias medievais e como foram deixando de ser o que eram para se tornar o que passaram a ser no início da Idade Moderna, o que, aliás, embute uma velada e arcaica concepção de história como progresso. Do mesmo modo, enfatizar, privilegiadamente, as funções que assumiu no período não implica desconsiderar seus papéis anteriores – o que foi abolido –, mas sim concentrar o foco de observação em nosso período mais restrito de análise, inclusive para tentar não sucumbir a uma das grandes tentações dos historiadores: o anacronismo construtor de modelos, que caracteriza muitas escritas historiográficas do passado.

Embora nossas escolhas tentem reduzir em muito a complexidade da análise, não a eliminam de todo. Por exemplo, conquanto seja bem fácil identificar uma monarquia pelos seus aspectos mais evidentes, a começar pela cabeça coroada que exerce o governo a partir do trono, o sentido de "nacional" varia bastante, no tempo e no espaço, fazendo com que, durante gerações, os camponeses pudessem se sentir bem mais identificados por seu pertencimento à aldeia ou à região do que a uma abstração chamada *nação*.

Em todo caso, para o que nos interessa diretamente, importa saber que, no século XVI, os Estados funcionavam, principalmente, como grandes agentes financeiros, sustentando suas ações por meio da arrecadação de impostos, pela venda de cargos, pelo confisco de bens e pela cessão, por lucrativos contratos temporários, de privilégios e monopólios, como os relativos à navegação.

No caso da expansão marítima, melhoramos seu entendimento se considerarmos que, nela, conjugaram-se interesses comerciais, bélicos e religiosos, o que exigia, especialmente nos dois primeiros casos, a direta participação do Estado, seja para ceder temporariamente (mediante a cobrança de impostos sobre os lucros das expedições) seus privilégios e monopólios comerciais relativos a produtos, rotas e mercados, seja custeando, diretamente, a construção naval, a manutenção da tripulação e a dispendiosa guerra no mar e nas colônias, frequentemente derivada daquelas travadas em território europeu, como aquela que opôs Portugal e Holanda pela posse do nordeste brasileiro no século XVII.

A riqueza que passava pelo tesouro das Coroas aumentava, significativamente, por conta da exploração colonial das minas e produtos naturais do Novo Mundo, pelo comércio com o Oriente e pelo tráfico de escravos africanos. Observe-se que, ao afirmar anteriormente que a riqueza *passava* pelos cofres das monarquias, não o fiz por descuido. É que parte considerável dela, dificilmente contabilizável, mas certamente significativa, destinava-se a sustentar o dispendioso parasitismo da vida da corte e o luxo suntuoso e festivo dos salões palacianos, sem contar a manutenção da burocracia administrativa e jurídica e os elevados custos da guerra moderna, bem mais altos do que os das liliputianas batalhas medievais. Tudo isso forçava a Coroa a recorrer a empréstimos tomados aos grandes negociantes e burgueses à busca de reconhecimento social, o que, obviamente, exigiria sua posterior contrapartida.

Até que os Estados se tornassem os principais empreendedores do século XVI, cada caso "nacional" teve características, tempo e ritmo próprios, o que também desaconselha traçar qualquer modelo de Estado, embora isto não impeça que apontemos, sumariamente, seus principais elementos formadores, quais sejam: um sistema legal unificado, uma burocracia de funcionários especializados para elaborar e fazer cumprir as normas e códigos administrativos, além de um exército permanente – tudo isso mantido à custa dos impostos e dos outros mecanismos de arrecadação já referidos.

Como é fácil perceber, muitos desses elementos contrariavam as tradições, os valores e os interesses da nobreza, que acabou dividida entre aqueles que viam nessas novas formas de vida econômica e social renovadas oportunidades de manter e ampliar sua fortuna e glória e os que as consideravam sinais mais do que evidentes de sua ruína e desonra. Em ambos os casos, a opção era determinada pelos recursos de que dispusessem esses nobres, e não por preferirem uma ou outra alternativa, já que, para muitos deles, a riqueza se resumia a seu título e às suas tradições, coisas que pouco ou nada valiam naquele novo mundo social em formação. Aqueles que se decidissem e pudessem integrar-se a ele deveriam se submeter a mudanças que começavam pela renúncia ao uso de forças armadas privadas e ao antigo sistema de lealdade dos vassalos, atingiam os antigos direitos de herança e exigiam o abandono de sua tradicional aversão pelas formas letradas de cultura.

Enquanto alguns filósofos se encarregavam de justificar o direito divino dos reis, como veremos à frente, a palavra *Estado* foi perdendo seu caráter abstrato, assumindo forte carga de impopularidade. Em alguns casos, como na França – considerada o modelo, por excelência, da monarquia absolutista –, para aumentar provisoriamente seus recursos, a Coroa subcontratava a arrecadação dos impostos agrícolas, fazendo cair sobre larga parcela da população a mão pesada dos arrendatários, o que gerava profunda insatisfação no campesinato, já bastante atormentado por péssimas condições de vida, agravadas pela fome e pelas doenças de que seus corpos frágeis se tornavam presas fáceis.

Era na condição de vítima ou de réu, portanto, que a imensa maioria da população se relacionava com o Estado, cuja função principal –

longe de ser a de proteger o rebanho dos súditos que os reis recebiam por um suposto direito divino – acabou sendo a de cuidar dos interesses dos grandes mercadores e homens de negócio, em uma espécie de mecenato às avessas que, ao contrário de incentivar qualquer forma de criação cultural, transformava em reféns endividados os próprios governantes e agravava a situação de miséria da imensa maioria das pessoas.

O Estado funcionava, assim, como uma gigantesca cisterna, para onde afluíam recursos abundantes, mas nunca suficientes para atender aos "sedentos" de toda sorte, que buscavam os cofres reais para recuperar, com lucro, seus investimentos e os adiantamentos feitos à Coroa. O lucro transformou-se, assim, em uma espécie de grande divindade cultuada pelos mercadores e grandes homens de negócio, desde sempre ávidos de riqueza e da glória que a acompanha muito de perto.

O DIVINO TRONO DO DEUS MORTAL

Para aumentar ainda mais a dignidade da função do rei – imagem materializada do Estado monárquico –, estendendo, no limite mais absoluto, sua distância em relação a todos os demais, tomou forma a ideia de que seu poder lhe fora dado diretamente por Deus. Para além da honra da *gloriosa escolha*, essa distinção também dependia de poder usar a considerável força da Igreja sobre as consciências, o que não era difícil de conseguir, mediante alguns acordos e conchavos que caracterizavam as relações entre as duas mais poderosas instituições do período: a monárquica e a eclesiástica. Entretanto, é impossível avaliar o grau de aceitação do direito divino do rei junto ao campesinato, aos artesãos ou a outras pessoas do povo. Se considerarmos a impopularidade dos cobradores de impostos – que agiam em nome do rei e não de Deus –, a fama do monarca nem sempre seria das melhores, tornando difícil, se não impossível, enxergá-lo como aquele que, na Terra, só era menor do que Deus (dignidade que, aliás, também disputavam os ocupantes do trono pontifício). Além disso, mesmo se acreditassem que a fome, as pestes, as catástrofes naturais e até as guerras fossem castigos com que Deus punia suas vidas pecadoras, os camponeses dificilmente incluiriam no rol de suas penas as sanguessugas que, em nome do rei, carregavam até as migalhas de seu escasso alimento.

Mesmo assim, alheios ao que pudessem sentir ou pensar os súditos mais pobres em suas mal providas habitações – quando as tinham –, houve pensadores que se dedicaram a justificar a necessidade da submissão de todos a um poder central, além do mais iluminado por uma apregoada aura de divindade.

Thomas Hobbes (1578-1679) foi um deles. Para ele, conforme afirmou em seu famoso livro *Leviatã*, a constituição desse poder central era a única possibilidade de que as pessoas fossem protegidas contra invasores estrangeiros e injúrias alheias e pudessem viver "satisfeitas": transferindo "todo o seu poder e fortaleza a um homem ou a uma assembleia de homens, todos os quais, por pluralidade de votos, possam reduzir suas vontades a uma vontade", como se cada súdito dissesse a todos que autorizava e transferia a este homem ou assembleia de homens o direito de "governar-me a mim mesmo, com a condição de que todos vós transferireis a ele vosso direito, e autorizareis todos seus atos da mesma maneira". Seria essa a origem e natureza do Leviatã, ou melhor, com infinita reverência, daquele "*Deus mortal*, ao qual devemos, sob o *Deus imortal*, nossa paz e nossa defesa".

Aqui, é impossível não trazer à lembrança as críticas de Etienne La Boétie à subordinação voluntária ao poder de um, especialmente ao considerar a sujeição ao tirano como o caminho mais curto e eficaz para se perder a liberdade e, com isto, a felicidade.

Jean Bodin (1530-1596) levou ainda mais longe – e mais alto – seu elogio ao rei, o *Deus mortal* de Hobbes, alçando-o a uma posição semelhante à do *Deus imortal*, de quem ele era nada menos do que a própria imagem na terra; enfim, um ser eleito diretamente por Deus para governar todos os homens, que lhe deviam obediência absoluta e incondicional.

Para um rei sábio governar harmonicamente seu reino, Jean Bodin concebeu uma forma peculiar de sociedade, em que todos acabariam "contentes", graças à *divindade* que a governava. Para tanto, em sua obra *Os seis livros da República*, recomendava que o monarca entremeasse "suavemente os nobres e os plebeus, os ricos e os pobres, com tal discrição que os nobres tenham alguma vantagem sobre os plebeus e que o rico, em igualdade nas demais condições, seja preferido ao pobre nos estados que têm mais honra que lucro; e que ao pobre caibam os ofícios que dão mais lucro que honra". O resultado disso? O contentamento de todos, obviamente desde que se conformassem em permanecer em suas hierárquicas e desiguais posições. Esse *contentamento* geral dos súditos, segundo Bodin, dependia, diretamente, da obediência incondicional ao rei, já que nada havia de maior sobre a terra, depois de Deus, que os príncipes soberanos. E já que era a Deus que os governantes representavam para governar os outros homens era necessário respeitá-los e reverenciar sua majestade com toda a obediência, "a fim de sentir e falar deles com toda a honra, pois quem despreza seu príncipe soberano despreza a Deus, de Quem ele é a imagem na terra".

Outro pensador dedicado a justificar o direito divino dos reis foi Jacques-Bénigne Bossuet (1627-1704), autor do livro *Discurso sobre a história universal*, uma espécie de teleologia teológica, na qual, depois de considerar que "Deus fez o encadeamento do universo", afirmou que "a divina Providência preside ao destino dos Impérios, ao seu desenvolvimento e à sua queda". Com essa associação entre a ordem cósmica do universo e as questões históricas propriamente ditas, Bossuet parecia propor uma espécie de parceria ou divisão de trabalho entre o Deus imortal – a quem se devia o encadeamento do universo – e o Deus mortal, de quem dependeria, por delegação do primeiro, o destino dos impérios e, consequentemente, de todos os súditos.

**A MONARQUIA POR DIREITO DIVINO
COMO MELHOR FORMA DE GOVERNO**

"Três razões fazem ver que este governo é o melhor. A primeira é que é o mais natural e se perpetua por si próprio. A segunda razão é que esse governo é o que interessa mais na conservação do Estado e dos poderes que o constituem: o príncipe, que trabalha para o seu Estado, trabalha para os seus filhos, e o amor que tem pelo seu reino, confundido com o que tem pela sua família, torna-se-lhe natural. A terceira razão tira-se da dignidade das casas reais. A inveja, que se tem naturalmente daqueles que estão acima de nós, torna-se aqui em amor e respeito: os próprios grandes obedecem sem repugnância a uma família que sempre viram como superior e à qual se não conhece outra que a possa igualar.

> O trono real não é o trono de um homem, mas o trono do próprio Deus. Os reis são deuses e participam de alguma maneira da independência divina. O rei vê de mais longe e de mais alto; deve acreditar-se que ele vê melhor, e deve obedecer-se-lhe sem murmurar, pois o murmúrio é uma disposição para a sedição." (BOSSUET, Jacques-Bénigne. *Política tirada da Sagrada Escritura*. In: FREITAS, Gustavo de. *900 textos e documentos de História*. Lisboa: Plátano, s. d., p. 201.)

Não é difícil imaginar o quanto essas ideias sobre sua divindade agradavam aos reis e àqueles que se beneficiavam da monarquia. Mais ainda, é fácil avaliar o quanto serviram para animar o despotismo e foram por ele animadas, já que, na condição de legítimos representantes de Deus na terra, superiores a toda humanidade restante, bastava assumir de fato a postura que alguns pensadores se esmeravam em atribuir-lhes para exercer um poder sem limites.

Poder sem limites? Na verdade, não era bem assim. É que, a despeito do que consideravam os defensores do direito ilimitado e incontestável do poder divino dos reis, sobreviviam formas antigas de privilégio e imunidades que sempre funcionaram como obstáculos ao absolutismo. Essas imunidades atingiam desde indivíduos até grupos sociais e corporações, que se tornavam praticamente invisíveis à fiscalização insuficiente, que sequer podia dar conta de vigiar o corpo de funcionários da corte, igualmente divididos entre os recém-chegados e aqueles estabelecidos há mais tempo. Além disso, faltavam recursos para completar os quadros de burocratas ou assegurar que fossem contratados apenas servidores competentes e leais à Coroa, o que a prática da venda de cargos dificultava ainda mais. Por conta de tudo isso, por mais que pareça contraditório, o absolutismo nunca foi de todo absoluto.

"A FABRICAÇÃO DO REI"

Luís XIV, da França, serve para representar o sonho maior de todos os tiranos da história: manter-se (quase) eternamente no poder. O Rei Sol subiu ao trono – ou foi carregado até ele – em 1643, quando tinha 4 anos de idade e lá permaneceu por 72 anos. Durante seu reinado encarnou, como ninguém, a imagem daquele *Deus mortal* descrito por Thomas Hobbes, a quem os homens deviam sua paz e sua defesa, e a quem deveriam votar a obediência absoluta reclamada por Bossuet.

Para perpetuar-se no poder, a imagem de Luís XIV deveria manter-se sempre viva, atraindo olhares e sentimentos sob as mais variadas formas, seja nas esculturas de bronze ou pedra, seja nas reproduções em cera, moedas, medalhas ou nas óperas, balés, livros, poemas, rituais de corte e nos mais variados espetáculos públicos a ele dedicados, promovendo uma espécie de *sacralização da política*, para lembrar o título do belo livro que o historiador brasileiro Alcir Lenharo (1946-1996) dedicou a Getúlio Vargas, que em escala diminuta representa outro devotado amante do poder.

Por conta do papel central que representou durante décadas, Luís XIV foi enfeitado e adornado, oferecendo uma imagem sempre renovada à glorificação dos franceses. A fabricação de sua imagem pública envolvia um séquito de artistas, barbeiros, costureiros, sapateiros, todos cuidadosamente orientados para construir e propagandear a sublime e sobre-humana figura do monarca. Por exemplo, Luís deveria ser mostrado erguendo um bastão, jamais se apoiando nele, pois isso poderia simbolizar uma inadmissível fraqueza do Rei Sol. Entretanto, como já foi dito aqui, nenhum absolutismo foi absoluto e, na contramão dos bajuladores oportunistas, havia observadores críticos que satirizavam esse vasto esquema propagandístico, entendendo-o como um plano político-ideológico destinado a seduzir, iludir e controlar o povo francês, assim como se faz hoje, para tentar vender a imagem engrandecida de nossos medíocres governantes. E foi graças a isso que Luís XIV pôde assumir atributos de ubiquidade e onisciência próprios da divindade que ansiava representar na Terra.

Mas como os reis absolutistas viam-se a si mesmos? Como encarariam seu próprio e ilimitado poder? Ao responder, por meio de inúmeras autorreferências e pronomes possessivos, à petição do Parlamento de Paris, em 1766, Luís XV, sucessor do Rei Sol, declarou: "É somente na minha pessoa que reside o poder soberano. É somente de mim que os meus tribunais recebem a sua existência e a sua autoridade; a plenitude desta autoridade, que eles não exercem senão em meu nome, permanece sempre em mim, e o seu uso nunca pode ser contra mim voltado; é unicamente a mim que pertence o Poder Legislativo, sem dependência e sem partilha; é somente por minha autoridade que os funcionários dos meus tribunais procedem; toda a ordem pública emana de mim, e os direitos e interesses da nação, de que se pretende ousar fazer um corpo separado do Monarca, estão necessariamente unidos com os meus e repousam inteiramente nas minhas mãos".

A admirável sinceridade de Luís XV oferece, com todas as letras e cores, a imagem acabada do absolutismo. Na pessoa do monarca estava representado todo o corpo da nação francesa, cuja vontade dependia de sua exclusiva e inquestionável decisão, devendo a justiça subordinar-se a seu supremo entendimento e autoridade.

> ### AMAR AO REI SOBRE TODAS AS COISAS...
>
> "Objetos inanimados também representavam o rei, em especial suas moedas, que traziam sua imagem e por vezes seu nome (o *louis* de ouro valia cerca de 15 libras). No mesmo caso estavam seu brasão e seu emblema pessoal, o sol. E também seu leito, ou a mesa posta para sua refeição, mesmo que ele estivesse ausente. Era proibido, por exemplo, portar chapéu na sala em que a mesa do rei estivesse posta.
>
> Entre as mais importantes representações inanimadas do rei estavam seus retratos. A respeito do pintor Claude Lebrun,* foi dito que ele representara num retrato do rei 'todas as suas elevadas qualidades, como num claríssimo espelho'. Essas pinturas eram também tratadas como substitutos do rei. O famoso retrato pintado por Rigaud, por exemplo, fazia as vezes do monarca na sala do trono, em Versailles, quando ele não estava lá. Dar as costas ao retrato era uma ofensa tão grave quanto dar as costas ao rei. Outros retratos presidiam festividades em homenagem ao rei nas províncias. Ocorria-lhes até ser carregados em procissão, como a imagem de um santo. A comparação não é tão exagerada quanto pode parecer, pois algumas vezes o rei foi representado como são Luís." (BURKE, Peter. *A fabricação do rei*: a construção da imagem pública de Luís XIV. Trad. Maria Luiza X. A. Borges. Rio de Janeiro: Zahar, 2009, p. 20.) [* Há um equívoco nesta edição do livro de Peter Burke, pois o pintor que retratou Luís XIV foi Charles Le Brun (ou Lebrun) e não Claude Lebrun, que era jurista.]

Hyacinthe Rigaud, *Retrato de Luís XIV*, c. 1700.

O pintor francês Hyacinthe Rigaud (1659-1743), nascido Jacint Rigau-Ros i Serra, era de origem catalã e dedicou-se à arte do retrato, especialmente, representando os membros da dinastia dos Bourbon e as autoridades políticas do Antigo Regime, além de comerciantes, banqueiros e industriais, cobrindo um período que vai de 1680 a 1740. O retrato de Luís XIV é uma das mais famosas criações de Rigaud e ocupa lugar de destaque na fabricação da imagem do Rei Sol, mostrando um monarca ereto, segurando um bastão, mas jamais apoiado nele, como determinavam os cânones orientadores da representação do rei, em qualquer uma de suas formas.

Luís XIV devia representar, assim, uma espécie de personagem de si mesmo, como se estivesse num palco à frente de toda a França, encarnada em sua majestosa pessoa, apenas admitindo momentos de descanso nos ambientes mais íntimos que poucas pessoas ligadas à corte podiam frequentar. E conquanto Bossuet, por exemplo, declarasse que "todo o Estado está nele" e que seus adversários políticos protestassem afirmando que "o rei tomou o lugar do Estado", favoráveis e contrários punham-se de acordo com o epigrama com o qual o Rei Sol passou à história: "O Estado sou eu". Dita ou não dita por ele, Luís jamais admitiu recusar a famosa insígnia que tantas vezes emoldurou seu retrato, apenas relativizada no leito de morte quando, segundo os eternos caçadores de intimidades e para sorte da França, o rei teria dito: "Vou partir, mas o Estado permanecerá depois de mim."

Assim como o Estado, a imagem de Luís XIV durou muito tempo depois de sua morte, ocorrida em 1715, mesmo que os revolucionários franceses tenham tentado desmontá-la, simbolicamente, em 1792, ao investir raivosos contra suas estátuas. Entretanto, o palácio de Versalhes – palco preferido de Luís XIV e residência da família real entre 1682 e 1789, quando seu desafortunado tataraneto Luís XVI teve de transferir-se para Paris, onde foi guilhotinado – mantém-se como um dos principais pontos de atração turística da Europa, exibindo-se faustosamente para visitantes nacionais e estrangeiros, cujas filas serpenteiam por seus luxuosíssimos ambientes. É como se o brilho do Rei Sol ainda atraísse os olhares dos plebeus que não mais o reverenciam como monarca, mas cuja invejosa curiosidade parece manter viva a imagem da extinta monarquia e seu representante maior, levando-nos a perguntar se foi Luís XIV quem escolheu os franceses ou se foram os franceses que o escolheram para submeter-se a ele.

Os senhores do comércio e das finanças

OS MERCADORES

Para funcionar como grande agente financeiro, a monarquia absolutista arrecadava impostos, pilhava as colônias, vendia cargos na administração, transferia, por contrato, direitos e privilégios, copatrocinava expedições marítimas, participava das pilhagens feitas aos inimigos derrotados nas guerras em terra e mar, confiscava bens de devedores, praticava e sustentava custosas relações de nepotismo, arrendava direitos sobre cobrança de impostos... Enfim, se atualizarmos alguns termos dessa lista de ações, modificando os produtos e serviços comercializados com particulares e partilhando um pouco mais as responsabilidades, diluindo-as entre ministérios, secretarias e outros órgãos da administração, o Estado já apresentava, na origem, as características essenciais que manteria daí para frente.

Evidentemente, a cessão de privilégios e monopólios era feita a quem pudesse pagar por eles, assim como o arrendamento de impostos, a venda de cargos e o comércio dos demais "produtos" disponibilizados pelo Estado. Investir no Estado passou a ser, assim, uma espécie de aposta de riscos reduzidíssimos e ganhos praticamente certos. Certos e elevados, o que atraía os principais investidores europeus, devotos mais do que sinceros do lucro, alçado à condição de principal divindade cultuada por mercadores, banqueiros e grandes homens de negócio, sempre à busca de riqueza e glória.

Quanto à Igreja, que outrora condenava os usurários à danação eterna, acabou admitindo que os riscos que ameaçavam os agiotas, por conta de eventuais devedores inadimplentes ou salteadores espalhados pelos caminhos sempre inseguros, justificavam os juros. O já referido teólogo Johann Maier von Eck, por exemplo, famoso por sua longa campanha contra a Reforma, também ganhou destaque ao justificar o direito dos banqueiros de cobrarem juros pelos empréstimos que faziam, acabando por ser acusado de defender com mais empenho os interesses dos Fugger do que os da Igreja. Aliás, relembremos que os exércitos de Carlos V só voltaram à luta depois de receberem soldos atrasados, o que foi possível graças a um vantajoso empréstimo feito pelos Fugger, aliviando um pouco a miséria financeira que atingia os Habsburgo, sem contar que a própria Coroa do imperador teve sua confecção "patrocinada" por esses banqueiros.

O leitor deve estar lembrado de que, ao tratar dos Médici, eles próprios exemplo da multifacetada e entrelaçada atuação com os assuntos da produção, do comércio, das finanças, do governo e da Igreja – além da arte –, foi destacado que, dentre as guildas que havia em Florença, a de maior prestígio reunia os mercadores. A essa observação reproduzi a afirmação de Christopher Hibbert, autor que seguíamos naquele passo, de que "florentino que não é mercador, que não viajou pelo mundo, vendo países e povos estrangeiros, e depois não voltou a Florença com alguma riqueza, é um homem que não goza de estima". Mais ainda, acrescentei que o mercador devia envolver-se com a política, já que a família que se abstivesse disso vivia praticamente à margem da vida pública, em estado de ostracismo.

Embora no texto reproduzido no box a seguir as preocupações do historiador francês Jean Delumeau, um dos grandes estudiosos do Renascimento, estivessem voltadas à análise da explicação marxista da Reforma, ele oferece dados que podemos considerar na avaliação da importância dos homens de negócio no final da Idade Média.

> **O PAPEL CENTRAL DOS MERCADORES**
>
> "Na Europa Ocidental, e especialmente na Itália, desenvolveram-se, nos séculos XIV-XV, poderosas firmas comerciais e bancárias, como a dos Bardi, dos Perruzzi, dos Datini e dos Médici, animadas pelo mais puro espírito capitalista. Os homens de negócios buscavam, com efeito, o máximo de lucro, lucro que se contava em dinheiro e no qual entrava forçosamente uma mais-valia obtida a expensas dos produtores, especialmente dos artesãos do ramo têxtil. A Itália era, indiscutivelmente, o país mais moderno da Europa. Os negociantes da Península desempenhavam um papel fundamental na atividade do Ocidente. Naquele país prosperava uma burguesia importante. Finalmente, no século XV, uma família procedente do comércio, do banco e da indústria – os Médici – tomou a direção de um Estado." (DELUMEAU, Jean. *La Reforma*. Barcelona: Labor, 1973, p. 183.)

Pouco antes, referi-me à avidez com que os particulares que, de alguma forma, participavam das ações do Estado buscavam recuperar seus investimentos, transformando o lucro em verdadeira paixão: os florentinos, escreveu Dante Alighieri, são "uma gente cúpida, invejosa e orgulhosa", amante do florim, essa "flor maldita que extraviou as ovelhas e os cordeiros".

Aconselhando aqueles que, como ele, atuavam como mercadores, na Itália e no estrangeiro, Paolo di Messer Pace da Castaldo, um florentino do século XV, afirmou em seu *Livro dos bons costumes*: "A tua ajuda, a tua defesa, a tua honra, o teu proveito é o dinheiro", ao que um conterrâneo acrescentou: "se tendes dinheiro, não estejais inativos; não o guardeis estéril convosco, porque mais vale agir, mesmo que dele se não tire proveito, que ficar passivo, igualmente sem proveito".

Os mercadores funcionavam, assim, como uma espécie de força motriz da sociedade, justamente por saberem manejar o dinheiro – "a base de todos os Estados humanos", como afirmou, com orgulho, o mercador de Ragusa Benedetto Cotrugli, autor de um livro chamado *O comércio e o mercador ideal*, editado no século XV. Depois de advertir que ele devia "governar-se e governar os seus negócios de uma maneira racional, para atingir o seu fim que é a fortuna", Cotrugli traçou interessante perfil do mercador, como se pode ler no pequeno trecho transcrito a seguir.

> **A EMINÊNCIA DO MERCADOR**
>
> "Convivem com artesãos, fidalgos, barões, príncipes e prelados de toda a condição, que acorrem em grande número a visitar os mercadores de que têm sempre necessidade. Assiste-se mesmo, muitas vezes, a que grandes sábios venham visitar os mercadores em suas casas. Porque nenhum homem de ofício soube jamais, em reino ou Estado algum, manejar o dinheiro – que é a base de todos os estados humanos – como o faz um mercador honesto e experimentado. Nem reis, nem príncipes, nem homem nenhum, qualquer que seja a sua condição tem tanta reputação e crédito como um bom mercador. Por isso os mercadores devem orgulhar-se da sua eminente dignidade. Não devem ter as maneiras adocicadas dos bobos e dos comediantes, mas a gravidade deve transparecer sempre na sua linguagem, maneira de andar e em todas as suas ações, para que estejam à altura de sua dignidade."(COTRUGLI, Benedetto Apud LE GOFF, Jacques. *Mercadores e banqueiros da Idade Média*. Lisboa: Gradiva, s.d., p. 66.)

Destacadas a paixão pelo dinheiro, a capacidade única de manejá-lo e a consequente importância social do mercador, outro conselheiro, desta vez anônimo, recomendava-lhe prudência, atenção constante quanto aos seus interesses, desconfiança em relação ao outro e uso de toda a sua experiência para não perder dinheiro. Acima de tudo, porém, o mercador devia saber calcular, já que o comércio exige muito raciocínio, organização e método. Caso tudo isso não fosse suficiente, o florentino apoiava-se no *Deuteronômio* (XVI, 19) para recomendar a corrupção, já que "os presentes tornam cegos os olhos dos sábios e muda a boca dos justos".

Essa ética que devia reger a ação do mercador também deveria orientá-lo a manter-se afastado de quem de nada lhe podia servir, não convivendo com os pobres "porque nada tens a esperar deles", não servindo a outrem se isso prejudicar os seus negócios e mantendo-os em máximo segredo: "os mercadores medievais – especialmente os genoveses – para não fornecerem informações a eventuais concorrentes, omitiram ou camuflaram nos seus livros, nos seus contratos, nos seus atos notariados, o destino dos seus empreendimentos, calaram o nome de seus concorrentes, a natureza das mercadorias". No livro *Da família*, escrito em meados do século XV, o genovês Leon Battista Alberti – uma espécie de polímata representativo do humanismo renascentista – recomendava ao mercador que não desvendasse aos membros da família, "a começar pela própria mulher", o segredo dos seus negócios, preservando-os a começar pela própria arquitetura da casa, fechada sobre seu interior, protegido por portas e escadas ocultas, por onde passariam, secretamente, os mensageiros, os empregados e os portadores de notícias relacionadas às atividades do proprietário, materializando-se, assim, "a muralha do mundo dos negócios" que os capitalistas começaram a erguer desde a Idade Média.

A projeção dos mercadores estendia-se por outros países da Europa, especialmente aqueles que, nos séculos XVI e XVII, estavam envolvidos com o grande negócio das viagens da expansão e da conquista, com a formação dos impérios e a exploração colonial, com o comércio ultramarino, especialmente com o do Oriente, e com o tráfico de escravos africanos. No caso da Espanha, por exemplo, foi decisiva a participação dos Pinzón, destacada família de Palos, de onde saíram os navios comandados por Colombo, para que os reis Fernando e Isabel decidissem e pudessem apoiar o projeto do navegador, assim como foi pioneira a decisão de conceder o privilégio para extração do pau-brasil ao cristão-novo Fernão de Loronha, já nos primeiros anos do século XVI, praticamente inaugurando o comércio oficial da valiosa madeira.

O MERCADOR DE VENEZA

Essa proeminência do mercador mergulha raízes na Idade Média e floresce, com evidência, na Europa renascentista, despertando, como não poderia deixar de ser, sentimentos variados e contraditórios, que iam da admiração à inveja, do reconhecimento à condenação, do elogio ao ódio – ingredientes mais do que suficientes para construir uma personagem e levá-la aos palcos teatrais, como fez William Shakespeare, em uma de suas mais conhecidas criações: *O mercador de Veneza*.

Na peça, apesar de o título anunciar como personagem central um mercador, quem se destaca é o judeu Shylock. O enredo é simples, a despeito da profundidade atemporal das criações shakespearianas, e pode ser assim resumido: Bassânio estava perdidamente apaixonado pela bela – e disputadíssima – Pórcia, que também o amava. Para tê-la como esposa, deveria deslocar-se até Belmonte e escolher, dentre três baús, aquele onde estava o retrato da amada. Se acertasse, venceria os demais pretendentes e seria premiado com o amor da herdeira belmontina. Faltavam a Bassânio, contudo, os três mil ducados necessários à viagem, e é aí que ele decide recorrer ao amigo Antônio, o mercador veneziano que dá nome à peça. Antônio decide apoiá-lo, mas como seus navios ainda demorariam a aportar em Veneza, os dois decidem recorrer a Shylock, assumindo o mercador a responsabilidade pelo empréstimo, que deveria ser pago em três meses.

Bassânio apressa-se a ir à busca de Shylock, que reconhece ser Antônio "um bom homem". Entretanto, pondera: "[...] quando digo que ele é um bom homem é que espero que compreenda que ele é suficiente – no entanto seus bens são meras suposições: ele tem um barco que se destina a Trípoli, outro às Índias e, pelo que ouço dizer no Rialto, tem um terceiro rumo ao México, um quarto à Inglaterra, e mais outras empresas que espalhou pelo estrangeiro. Mas barcos não passam de tábuas, marinheiros de homens; há ratos na terra e ratos de água, ladrões de terra e ladrões de água, além dos perigos das águas, dos ventos e dos rochedos: mas, apesar disso o homem é suficiente – três mil ducados – acho que posso aceitar o compromisso dele."

Apesar de tudo – ou seja, do terreno frágil sobre o qual Antônio construiu sua fortuna –, "o homem é suficiente". Estão aí anunciadas as intenções mais sombrias de Shylock, que, aliás, jamais mantivera qualquer relação amistosa com o mercador. Por isso, quando recebe dele o convite para jantar em sua companhia, Shylock responde: "Eu sei, para cheirar porco e comer na habitação para a qual o seu profeta Nazareno conjurou o diabo: comprarei com os senhores, venderei com os senhores, falarei, andarei e assim por diante: mas não comerei com os senhores, nem farei as minhas orações com os senhores."

Shylock, então, dirige-se a suposto interlocutor e reflete em voz alta: "Como está pronto, agora, a bajular! Eu o odeio porque é cristão, e ainda mais porque, ingênuo e tolo, empresta ouro grátis, rebaixando os juros que cobramos em Veneza. Se consigo apanhá-lo num aperto, mato a fome de queixas muito antigas. Por odiar minha nação sagrada, nos locais onde vão os mercadores agride a mim, meus lucros e poupança, a que chama de juros ou de usura. Maldita seja minha própria tribo se eu o perdoo."

Para ser mais bem entendida, essa passagem central precisa ser contextualizada. Além de assumir as características essenciais da atividade dos mercadores, conforme mostramos anteriormente, defendendo-se a si e à sua honra pelo "proveito do dinheiro", Shylock, como ensinou o mercador Benedetto Cotrugli, recusa-se com veemência a assumir as "maneiras adocicadas dos bobos e dos comediantes", mostrando-se orgulhoso de sua importância. Entretanto, o rico judeu também confessa que, se conseguisse pôr Antônio em apuros, mataria a fome de queixas "muito antigas", pelo ódio que o mercador manifestava à sua nação sagrada.

O contexto em que Shakespeare escreveu sua peça era marcado por forte sentimento antissemita, que grassava na Europa, em geral, e na Inglaterra, em particular. A história de cobrar em carne uma dívida monetária, por exemplo, aparecera em obras bastante anteriores, e sua semelhança com a peça shakespeariana permite apontá-las como inspiração ao grande dramaturgo. É o caso, por exemplo, de *A balada da crueldade de Geruntus*, anterior a 1590, ou da historieta *De um judeu, que queria, por uma dívida, obter uma libra de carne de um cristão*, que integra uma coletânea chamada *O orador*. Além disso, é preciso lembrar que a circulação da cultura ainda estava assentada, fortemente, nas tradições orais, o que permite supor que os preconceitos dirigidos aos judeus estivessem entranhados em considerável parcela da população, que poderia encontrar nisso alguma forma de tosco entretenimento.

Aliás, sobre a possibilidade de extrair parte do corpo do devedor, a título de compensação financeira, seria até possível compará-la aos atuais sistemas de empréstimo e cobrança que, literalmente, dão às instituições financeiras o direito de privar pessoas de seus escassos recursos de sobrevivência, tosquiando e descarnando, mesmo que de forma metafórica, idosos aposentados e toda a espécie de incautos tomadores de empréstimos bancários. Entretanto, para o que vim considerando aqui, vamos encontrar as origens dessa estranha forma de cobrar dívidas na Antiguidade ocidental, quando, por exemplo, as leis romanas das Doze Tábuas – uma compilação feita no século V a.C. – permitia aos credores, em casos específicos, partilhar entre si o corpo do devedor inadimplente.

Na Inglaterra, a referência mais antiga a essa antropofágica prática de cobrar compromissos remonta à Idade Média, quando, no final do século XIII, um poema chamado *Cursor Mundi* apresentou um judeu representando o credor que aceitava compensar o prejuízo financeiro recebendo uma parte do corpo do devedor. Outra obra que deve ter inspirado Shakespeare na composição do *Mercador de Veneza* pode ter sido uma coleção de cinquenta novelas italianas chamada *Il Pecorone* – que, em sentido figurado, significa homem primitivo, estúpido, submisso. A obra foi escrita por Giovanni Fiorentino, entre 1378 e 1385, e teve sua primeira edição conhecida em 1558. A nona novela da coletânea traz a história de Gianetto e de sua luta para conquistar uma viúva de Belmonte, por sinal, a mesma cidade de Pórcia, a amada de Bassânio. Quem patrocinava as viagens do jovem era Ansaldo, seu padrinho. Na terceira viagem, já sem recursos para financiar a embaixada amorosa do afilhado, pede dez mil ducados a um mercador judeu, dando como fiança uma libra da carne de seu próprio corpo, que poderia ser resgatada caso a dívida não fosse paga até o vencimento. Ao contrário de Pórcia, cujo caráter Shakespeare cobriu de virtudes que se equiparavam à sua beleza, a viúva do *Pecorone* deitava sonífero na bebida dos pretendentes – que, para ganhar seu amor, deveriam permanecer acordados por toda a noite... – e foi por pouco que Gianetto não pereceu envenenado por ela, que, afinal, acabou conquistada na terceira viagem. Vencida a dívida, e ante a insistência do credor de receber, em carne, o pagamento estipulado no contrato, o jovem e a mulher – agora disfarçada de advogado – viajam a Veneza para tentar livrar Ansaldo de seu triste destino.

É possível, agora, voltar ao *Mercador de Veneza*, já que as duas histórias são claramente semelhantes em sua trama, diferenciando-se, obviamente, pela arquitetura monumental do texto shakespeariano. Mas, a despeito disso, algumas diferenças chamam a atenção: em *Il Pecorone*, a presença do judeu, que, aliás, não tem nome (A personagem é secundária? Todos os judeus são iguais?), é circunstancial, ao contrário de Shylock, que é central no enredo shakespeariano. Mais ainda, à diferença das personagens da novela italiana, Shylock e Antônio eram velhos conhecidos e o primeiro tinha razões, por assim dizer, extraeconômicas para querer a carne do cristão, talvez porque, a despeito de lhe imputar traços condenáveis de caráter, Shakespeare quisesse mostrá-lo em sua dimensão humana, já que suas motivações de vingança derivavam de antigas dores e humilhações. Aqui, é oportuno lembrar que, durante a Segunda Guerra Mundial (1939-1945), Shylock foi apresentado como representante de sua raça e cultura, duramente perseguidas, especialmente na Alemanha, por um antissemitismo absurdamente cruel.

Nesse sentido, é exemplar o ríspido diálogo travado entre Antônio e Shylock, quando este invoca o episódio bíblico em que Jacó e Labão entram em acordo sobre de quem seriam as ovelhas nascidas do rebanho que o primeiro cuidava para o parente. Por acordo, Labão concorda que as ovelhas pintadas ou malhadas seriam do sobrinho pastor, que acaba recompensado ao descobrir que, se aproximasse das fêmeas uma espécie de varas, as crias todas seriam malhadas: "Assim ele lucrou e foi bendito, e lucro é benção se não for roubado", concluiu Shylock.

A comparação provocou a ira do mercador, que responde em voz alta: "Repare bem, Bassânio, que o diabo cita em seu próprio bem as Escrituras! A alma vil, com testemunho santo, é igual ao vilão de rosto amável, à maçã rubra que por dentro é podre. Que aspecto encantador tem a mentira!"

As falas seguintes dão exata dimensão da impossível conciliação entre credor e devedor:

Shylock – "Signior Antônio: muita, muita vez buscou menosprezar-me no Rialto, por meus dinheiros e minhas usuras. Aturei tudo só com um dar de ombros (pois suportar é a lei da minha tribo). Chamou-me de descrente, de cão vil, cuspiu na minha manta de judeu, apenas porque eu uso do que é meu. Mas agora, parece, quer ajuda: agora chega; vem a mim, e diz: "Shylock, hoje preciso do seu dinheiro", o senhor, que escarrou na minha barba, afastou-me com o pé, como a um cachorro, da sua porta, agora quer dinheiro. Que devo dizer eu? Devo dizer "Cão tem dinheiro?" "Pode um

vira-lata emprestar a alguém três mil ducados?" Ou devo rastejar e, em tom servil, quase sem voz, com um sussurro humilde, dizer apenas: "Na quarta-feira o senhor cuspiu-me, humilhou-me tal dia e, certa vez, chamou-me cão: por tantas cortesias vou emprestar-lhe todo esse dinheiro".
Antônio – Irei chamá-lo novamente assim, hei de cuspir e hei de desprezá-lo. Se emprestar o dinheiro, não o faça como a amigos seus, pois que amizade toma do amigo cria de metal? É melhor emprestá-lo a um inimigo, para que, se falhar, possa, feliz, cobrar-lhe a multa.

É nessa passagem que se estabelece a multa, com a qual concorda Antônio, dirigindo-se ambos ao notário para redação e assinatura do documento estipulando que, em caso de não cumprimento do acordo, Shylock teria direito a uma libra de carne, extraída de qualquer parte do corpo do mercador. O que acontece, então? Por ser *O mercador de Veneza*, em essência, uma história de amor e da valorização da amizade, emoldurada pelos princípios que deveriam reger a justiça e o altruísmo, Bassânio consegue conquistar Pórcia. Antônio, entretanto, fica em maus lençóis, já que seus navios parecem perdidos nos mares.

Vencido o prazo, Shylock decide cobrar a multa e recorre ao governo veneziano, para fazer valer seu direito de receber a multa acordada com Antônio, reivindicando o direito de cortar-lhe uma libra de carne, "bem junto ao coração".

Pois bem, pode estar se indagando o leitor, para onde, afinal, vai a trama?

Ao saber da situação em que se encontra o amigo, a quem devia a felicidade de ganhar o amor de Pórcia, Bassânio narra a ela toda a história. A rica herdeira de Belmonte, enxergando o valor da amizade que Antônio nutria por Bassânio, decide ajudá-lo a livrar-se do castigo de Shylock, inicialmente pagando a dívida, multiplicando valores, mas, ante a decisão irredutível do credor de exigir o pagamento da *multa*, de que "nem por Veneza inteira" abriria mão, disfarça-se de advogado e, juntamente com sua aia, Nerissa, dirige-se a Veneza, inclusive sem o conhecimento do marido.

Ao adentrar o salão de julgamento e depois de responder ao duque veneziano que conhecia bem a essência da causa que estava *sub judice*, Pórcia pergunta: "Quem é o mercador? Quem é o judeu?"

Ora, como é praticamente impossível encontrar palavras desnecessárias nos textos shakespearianos, a pergunta do *advogado* também significa que, mais do que diferenças, há grande semelhança entre as duas personagens, já que ambas vivem de tirar "proveito do dinheiro", apenas diferenciando-se por conta da posição que ocupam na trama da peça, que se encaminha para o desfecho, na fala surpreendente de Pórcia: "Espere um pouco, que há mais uma coisa, a multa não lhe dá direito a sangue; 'Uma libra de carne' é a expressão: cobre-lhe a multa, arrebanhe a sua carne, mas se, ao cortar, pingar uma só gota desse sangue cristão, seu patrimônio pelas leis de Veneza é confiscado, revertendo ao Estado."

Percebendo o cerco em que se enredara, Shylock propõe aceitar o pagamento do valor emprestado multiplicado por três, mas agora é Pórcia quem recusa o acordo, acrescentando, ainda, que não será admitida qualquer diferença, por ínfima que seja, entre a carne cortada e aquela posta no contrato. Caso isso acontecesse, ele perderia a vida e as propriedades, que, aliás, já lhe tinham sido saqueadas pela filha, Jéssica.

Afinal, a pena de morte de Shylock acabou comutada, mas ele teve de se converter ao cristianismo e deixar seus bens para usufruto de Antônio e como herança à filha e ao esposo cristão que a raptara – um destino mais drástico do que o do judeu anônimo da novela medieval italiana, que pôde manter sua identidade religiosa, e apenas rasgar o contrato e desaparecer da cena. Quanto a Antônio, que conseguira reunir-se à sua riqueza, já que seus navios, afinal, chegam a Veneza, livra-se da vingança de Shylock, mas retorna à sua solidão, enquanto os casais da história – patrocinados por ambos – partem para seus dias de felicidade.

A cultura do povo

AS FESTAS, OS HERÓIS E OS VILÕES DO POVO

Para apresentar suas peças, Shakespeare e sua companhia ergueram o Teatro Glogo às margens do rio Tâmisa, em Londres, em 1599. O teatro, cuja primeira construção foi rapidamente destruída por um incêndio, tinha três andares de arquibancadas, dispostas à volta de um palco central e sua capacidade poderia chegar a cerca de dois mil espectadores. Entretanto, o edifício era descoberto, o que limitava as apresentações aos períodos de bom tempo, no verão, e aos momentos em que a peste interrompia suas frequentes aparições na cidade. Por conta disso, autor e atores tinham de se deslocar para buscar sustento em castelos e localidades distantes.

Ora, mesmo que o preço dos ingressos fosse esprimido pelas duras condições de vida da população europeia, assim como hoje, o teatro não era acessível ou até atraente para largas parcelas da população, que parecia preferir os espetáculos oferecidos nos espaços públicos e nos quais poderia sentir-se, ela própria, uma espécie de ator coletivo e personagem central da trama alegre da vida cotidiana.

Quando tratamos de Rabelais, pusemos em destaque a análise de Bakhtin sobre o "vocabulário de praça pública" usado pelo escritor para compor as incríveis histórias de Gargântua e Pantagruel. Além disso, acompanhamos as reflexões do crítico russo, mostrando que o escritor quinhentista soube aproveitar muito bem o alegre contexto dos ambientes em que viviam os camponeses do final da Idade Média, especialmente a feira e a praça do carnaval. Bakhtin lembrou, ainda, que esses ambientes eram formados pelo júbilo coletivo e não pela alegria de cada indivíduo, afirmando, ao mesmo tempo, que a linguagem popular e familiar praticada pelo povo envolvia juramentos, grosserias e tinha forte teor escatológico, misturando o discurso dos charlatões e dos vendedores de remédio e penetrando outros gêneros festivos que gravitavam em torno dela, incluindo o drama religioso.

Esboçados esses contornos e características da cultura praticada pelo povo, é possível adentrar mais a fundo os ambientes que lhe serviam de palco e inspiração, para identificar quais eram os valores fundamentais e as atitudes dos camponeses e artesãos do período que estamos estudando. Para isso, vamos usar as imagens construídas por um dos principais historiadores representativos da História Cultural: Peter Burke.

O fascinante trabalho de Burke chama-se *Cultura popular na Idade Moderna: Europa, 1500-1800* e tem como principal objetivo tornar explícito o que estava implícito nas várias manifestações da cultura popular, especialmente, em relação aos heróis, vilões e bobos – responsáveis, segundo ele, pela formação de um sistema bastante valioso para identificar e analisar os padrões dessa cultura. Identificar esses *tipos* ou *modelos* não implica atribuir à cultura popular europeia um caráter monolítico; entretanto, o culto aos santos, por exemplo, era generalizado e muitos deles sobreviveram, inclusive, em lugares que haviam adotado as religiões da Reforma. Sobre isso, Peter Burke lembra que São Jorge continuou como padroeiro da Inglaterra, São Martinho não deixou de ser cultuado na Alemanha, enquanto São Nicolau – nosso Papai Noel – alegrava as crianças holandesas, pondo presentes em seus sapatinhos. Do mesmo modo, os heróis dos romances de cavalaria rivalizavam com os santos, atravessando fronteiras por todo o continente: o inglês Bevis de Hampton era o Buovo d'Antone dos italianos e o Bova Korolevitch dos russos, assim como Pierre de Provença, mais popular ainda, tinha lugar garantido em histórias da França, de Portugal, dos Países Baixos, da Alemanha e da Dinamarca, e os próprios turcos reivindicavam para si a nacionalidade de Rolando, enquanto consideravam São Jorge um legítimo cavaleiro de sua nacionalidade.

Além disso, as características dos heróis migravam de uma personagem para outra, cruzando fronteiras e temporalidades, apropriados e adaptados a novas necessidades de representação, como é o caso de São João Batista, que, depois de exilar-se no deserto, onde se alimentava de gafanhotos e mel silvestre (Mateus 3, 1-4), acabou transformado em protótipo do asceta – adotado ou aplicado por outros austeros eremitas, como Santo Abade ou São Humphrey –, assim como Salomão transformou-se em exemplo e modelo de governante sábio. Quanto aos cavaleiros medievais, com o tempo, foram sendo transformados em generais, hussardos ou mesmo bandidos.

> **HUSSARDO**: cavaleiro húngaro. Soldado da cavalaria ligeira europeia, armado com carabina, espada e, por vezes, pistola. O nome originou-se das palavras húngaras *husz*, isto é, vinte, e *ar*, isto é, paga. De cada vinte casas de uma aldeia, uma deveria fornecer um soldado montado.

E os governantes? Qual era o tipo ideal daqueles que exerciam a autoridade sobre os demais? Em primeiro lugar, o governante deveria ser um conquistador, assim como fora Alexandre, o Grande. Mais ainda, deveria ser vitorioso e submeter, preferencialmente, pagãos e "hereges", como os sarracenos, batidos por Carlos Magno – isto é, grande; importante. Na mesma categoria, estavam os mouros, enfrentados por D. Sebastião, de Portugal, não importando aí a derrota lusa. Enfim, quase sempre montado em magníficos cavalos, assim como São Jorge, o governante ideal cavalga pelo tempo e pelo espaço, protegendo súditos e fiéis de todo o tipo de ameaças, exigindo em troca, apenas, a mais absoluta fidelidade.

Outra espécie recorrente de governante era aquele que se misturava, disfarçado, à gente simples. Embora, à primeira vista, isso possa confundirse com pura espionagem, insistia-se que, desse modo, o rei poderia conhecer de perto a vida do povo, perceber suas dificuldades e sanar as injustiças sofridas por ele. Resta lembrar, ainda, que o rei poderia até superar a morte, neste caso, assemelhando-se a Cristo.

> **OS IMORTAIS...**
>
> "A estória mais conhecida de todas sobre o governante como herói popular é aquela em que ele não está realmente morto. Está, apenas, dormindo, geralmente numa gruta, e um dia voltará para vencer seus inimigos, libertar seu povo da opressão, restaurar a justiça e inaugurar a idade de ouro." (BURKE, Peter. *Cultura popular na Idade Moderna:* Europa, 1500-1800. Trad. Denise Bottmann. São Paulo: Companhia das Letras, 2010, p. 209.)

Burke destaca que o tipo de governante ideal não era aplicado a todos, indistintamente, e servia, muitas vezes, para demonstrar o quanto dele se distanciavam alguns soberanos, já que os artesãos e camponeses não eram "cegos aos seus erros". Além disso, algo que não chamou a atenção do historiador é o fato de que, se lermos às avessas o trecho transcrito anteriormente, podemos entender que o povo vivia oprimido por inimigos e autoridades, estava submetido a situações de injustiça e tinha sua curta existência maltratada por algo absolutamente distante de uma auspiciosa idade *de ouro*. Isso porque, está claro, nenhum herói precisa libertar quem está livre, nem aplicar justiça a quem desfruta dela ou melhorar a vida de quem já vive bem.

É importante lembrar, ainda, especialmente levando em conta as principais características das formações sociais aqui consideradas, que a Bíblia fornecia bons exemplos de tiranos – como os faraós, indistintamente, ou Herodes, em particular –, cujas características eram atribuídas aos maus e intolerantes governantes do tempo, como Henrique II, da França, que aparece como faraó em uma cantiga huguenote, modelo que os holandeses aplicaram a Filipe II, cabendo a Henrique III o epíteto de "novo Herodes", algo que também foi atribuído ao czar Maximiliano, "um governante orgulhoso, cruel e pagão que persegue seu filho cristão, até ser abatido pela vingança de Deus".

No reverso da adoração e da devoção, há, portanto, o desprezo e o ódio, destinados a personagens que, assim como os heróis, ajudam a compor o sistema de valores que forma a cultura popular e se expressa por meio dela. Para ilustrar isso, Peter Burke traz alguns exemplos de manifestações de repúdio e ódio aos governantes, um dos quais se refere a um "pai-nosso" que os holandeses endereçaram, em 1633, ao marquês de Santa Cruz, comandante das forças espanholas: "Pai Nosso que estais em Bruxelas, maldito seja o vosso nome, não seja feita a vossa vontade, nem aqui na terra nem lá no céu". E nem mesmo o Rei Sol, Luís XIV, escapou do escárnio, sendo assim lembrado em uma *oração* popular: "Pai Nosso que estais em Mably, santificado não é vosso nome, vosso reino está a acabar, não é mais feita a vossa vontade nem na terra nem no mar".

Enquanto isso, outras manifestações da insatisfação popular eclodiam aqui e ali por toda a Europa, sendo interessante destacar que, num mundo de comunicações lentas, difíceis ou até impossíveis – como destacamos nas primeiras páginas deste livro –, elas podem ser consideradas ações espontâneas que tinham em comum, apenas, o ódio popular aos tiranos.

PODEROSOS, MAS NEM SEMPRE AMADOS

"Um homem em Thouars, em 1707, teria dito que 'o rei é um velhaco e um ladrão', enquanto um homem de Buckinghamshire, disse, nos anos 1530, a respeito de Henrique VIII, que 'o rei é um velhaco e vive em adultério, e é um herege e não vive pelas leis de Deus. Não ligo para a coroa do rei, e se ela estivesse aqui eu jogaria futebol com ela'. Um retrato de Jorge II foi queimado em Walsall, em 1750, e em 1779-80 Jorge III apareceu em estampas como 'sultão', um déspota oriental com seu turbante." (BURKE, Peter. *Cultura popular na Idade Moderna:* Europa, 1500-1800. Trad. Denise Bottmann. São Paulo: Companhia das Letras, 2010, pp. 65-6.)

O clero também aparece de modo destacado nas manifestações culturais populares, muitas vezes, de modo pouco elogioso, como na obra de Rabelais, analisada anteriormente. Além disso, parecia haver na sociedade do Antigo Regime, a consciência de que o padre poderia afirmar que "orava por todos", assim como o nobre proclamar que "lutava por todos", mas que, de fato, era o camponês quem "trabalhava por todos". Contudo, alguns modelos de religiosos escapavam à ironia popular e aos escritos inspirados em sua cultura, projetando representações heroicas de ascetas, como São Jerônimo e Santo Antônio Abade, que jejuavam, rezavam e mortificavam-se no deserto. Havia, também, o bom pastor, que partilhava seus poucos bens com os pobres ou ajudava a minorar suas aflições, como São Martinho, ao fazer flutuar o machado que um camponês deixara cair no rio, ou São Nicolau, ao socorrer marinheiros atingidos pela tempestade e deixar dinheiro na casa de um pobre, para que suas filhas formassem o dote para o casamento. Em São Francisco, que para alguns também nascera numa manjedoura, conjugavam-se as virtudes do asceta e do pastor, que jejuava e orava no deserto, distribuía suas roupas, fazia estancar a fome de feras devoradoras de gente, além de pacificar facções políticas em luta. Outros religiosos nada ascetas ou heroicos também frequentavam o imaginário popular, como o glutão e briguento frei Tuck, personagem da popularíssima história de Robin Hood, ou o "padre alegre", da Florença do século XV, que se autodenominava "o pároco glutão", mal conseguindo ler seu missal e conhecido como grande apreciador de vinhos e mulheres, conquistadas à custa do dinheiro dos laicos ou do próprio clero.

As práticas pouco virtuosas de parte do clero nem sempre despertavam a cumplicidade popular, sendo, às vezes, caricaturadas e exageradas e fazendo com que os religiosos fossem apresentados, segundo Burke, como "vilões ou bobos, ignorantes, orgulhosos, gananciosos, preguiçosos, luxuriosos em relação às mulheres" ou mesmo convivas de uma refeição antropofágica – como são figurados em um conto popular alemão de 1530, onde aparecem um papa, um bispo, um monge e uma freira, sentados à mesa e trinchando um defunto. Em outra historieta, o porco dado como pagamento do dízimo aparece correndo atrás do desesperado religioso, havendo até aquele que se recusa a enterrar um defunto enquanto não for pago para isso ou mesmo um que não aceita vender a alma ao diabo se este não aumentar o valor da compra... Entretanto, as imagens mais populares são as que mostram os clérigos sedutores, de que são exemplo estatuetas russas de madeira e cerâmica representando um monge que carrega uma moça escondida no feixe de lenha que traz às costas.

Quanto à nobreza, por estranho que possa parecer, suas aparições nas manifestações populares eram, no mais das vezes, positivas, especialmente nas figuras do cavaleiro que, desde a Idade Média, tinha lugar reservado no imaginário popular de toda a Europa, aparecendo em romances, nas pequenas e baratas brochuras, em cantigas e no teatro de fantoches, atravessando fronteiras linguísticas e culturais. Assim, o herói francês Rolando passa à Itália com o nome de Orlando e o Holger dos dinamarqueses corresponde, na França, a Ogier e, na Inglaterra, a Guy de Warwick, ao espanhol Cid, ao russo Ilya de Murom, ao sérvio Marko Kraljevié...

A grande popularidade do cavaleiro fazia com que muitos santos fossem representados como tais: São Martinho, São Floriano, São Maurício, São Jorge, São Jaime e até o arcanjo Miguel, responsável por pesar as almas e decidir por seu destino eterno. Sobre a coragem e força dessas personagens, tão caras ao imaginário popular, basta lembrar que o sérvio Marko Kraljevié é representado agarrando, pelo rabo, um touro adulto, que joga às costas e carrega sem aparentar qualquer fadiga.

Mas e os camponeses e artesãos? É possível saber como eles viam a si mesmos? Sobre esses grupos sociais é fundamental começar lembrando que apenas os camponeses representavam entre 80% e 90% da população europeia. Além de sua importância quantitativa, compunham um universo cultural bastante diferenciado e complexo, expresso em canções, danças, contos e tradições, muitas vezes intangíveis e não codificadas, dispersas por costumes locais; enfim, produzindo manifestações heterogêneas, determinadas, por exemplo, pela idade, condições materiais e sociais, além da religião, da educação, dos espaços e lugares, do sexo e das funções laborais.

Entretanto, apesar de sua extrema variação, a cultura popular rural pode ser comparada com as práticas citadinas, animadas, diariamente, por saltimbancos cantores e palhaços.

> **A FESTA DE TODO DIA**
>
> "Nas cidades, as festas ocorriam em escala muito maior; e, o que é mais importante, todo dia era uma festa, no sentido de que havia permanentemente à disposição diversões, oferecidas por profissionais. Pelo menos nas grandes cidades, os cantores de baladas e palhaços apresentavam-se o tempo inteiro, ao passo que os aldeães só os viam de vez em quando. As cidades abrigavam minorias étnicas, as quais muitas vezes viviam juntas e partilhavam uma cultura que excluía os de fora. Os judeus em seus guetos são o exemplo mais evidente, mas também havia os mouros nas cidades do sul da Espanha, os gregos e eslavos em Veneza, e muitos outros grupos menores." (BURKE, Peter. *Cultura popular na Idade Moderna:* Europa, 1500-1800. Trad. Denise Bottmann. São Paulo: Companhia das Letras, 2010, pp. 65-6.)

À época, a divisão do trabalho nas guildas também incluía a organização do lazer, fazendo com que as manifestações culturais de artesãos e comerciantes tivessem muito em comum. Cada uma dessas corporações tinha seus santos padroeiros, tradições e rituais que, apesar da especificidade, conservavam grande semelhança, independentemente do ofício que representavam. Das guildas estavam excluídos os descendentes de pastores, os filhos de mendigos, os verdugos, os coveiros e os menestréis, sob a justificativa de não serem "gente honrada". Essas semelhanças, contudo, não implicam ignorar o fato de que cada ofício tinha uma cultura própria, representada pelas habilidades específicas de cada ofício, como os açougueiros, os sapateiros, os tecelões e assim por diante, habilidades essas transmitidas, zelosamente, na sucessão de gerações. Quanto aos tecelões, especificamente, dentre os privilégios que tinham destacava-se a permissão para que lessem enquanto trabalhassem no tear. Na cidade francesa de Lyon, por exemplo, três quartos dos trabalhadores da seda eram letrados. Do mesmo modo, destacavam-se os sapateiros, alguns dos quais se transformaram em heróis de vários contos e canções populares e sua dignidade pode ser representada, historicamente, pelo calvinista Jean de Léry, um artesão sapateiro que esteve no Rio de Janeiro no século XVI, durante a frustrada tentativa dos franceses de se estabelecerem no Novo Mundo, e a quem devemos um livro valiosíssimo chamado *Viagem à Terra do Brasil*, ainda hoje muito lido pelos historiadores dedicados ao estudo do Brasil colonial. Ainda, pode ser lembrado o sapateiro português Gonçalo Anes Bandarra, cujas profecias, propagadas no século XVI, foram lidas e acreditadas durante séculos. O cristão novo Bandarra foi preso pela Inquisição, assim como outros sapateiros-filósofos também descendentes de judeus, como Luís Dias e Simão Gomes.

Em outros países, também houve casos de sapateiros pregadores e propagadores das religiões da Reforma, além de casos mais extremos como o inglês John White, que declarou ser nada menos do que São João Batista.

Algumas vezes, os sapateiros engajaram-se na vanguarda de movimentos políticos, como Nicholas Melton, o chamado "capitão Remendão", que liderou um levante popular em Lincolnshire, em 1536, ou os 41 militantes que, em 1793, reforçaram o grupo radical francês dos *sans-culottes*, uma das forças mais expressivas da Revolução Francesa.

Em meio a esses segmentos rurais e urbanos que foram mencionados, o historiador Peter Burke relaciona outros quatro grupos que, por suas características particulares, ignoravam fronteiras nacionais e até regionais, fazendo parte deles os soldados, os marinheiros, os mendigos e os ladrões, responsáveis pela formação de culturas ou subculturas específicas, com características praticamente internacionais. Muitas vezes, esses grupos confundiam-se entre si, como era o caso dos soldados mercenários, que mendigavam ou roubavam quando lhes faltava trabalho, o mesmo acontecendo com os marinheiros, que não hesitavam em transformar-se em piratas e salteadores, durante as constantes guerras do mar, intensificadas a partir do século XVI, quando do início do movimento da expansão europeia e sua propagação pelos mares da Terra. Mais separados das demais manifestações da cultura popular do que os soldados, os marinheiros tinham suas próprias canções, no mais das vezes baseadas nos trabalhos do mar e nas relações sociais peculiares à vida de bordo, com seus rituais de magia, sua arte, suas danças e seu ritmo próprio de trabalho e lazer.

> **O MUNDO DOS NAVEGADORES**
>
> "Os marinheiros se distinguiam de vários modos dos homens de terra firme. Em primeiro lugar, pelas roupas; o marinheiro gascão do século XVI podia ser reconhecido pelo seu boné vermelho, o marinheiro inglês do século XVIII pelo seu rabo de cavalo, sua camisa xadrez e, acima de tudo, nessa época, sua calça. Os marinheiros também eram identificáveis pela sua linguagem, em que termos técnicos, gírias e pragas se multiplicavam para formar uma linguagem particular.
>
> Os marinheiros também tinham seus rituais próprios, como batizado dos barcos ou libações lançadas ao mar em pontos perigosos da viagem (os marinheiros gregos e turcos jogavam pão ao mar quando passavam ao lado de Lectum, perto de Troia), ou a simulação de batismos ou de fazer a barba de quem estivesse cruzando o Equador pela primeira vez. Os marinheiros tinham o seu folclore próprio, com destaque especial às sereias (tidas como figuras sinistras) ou navios-fantasmas, como o Holandês Voador, uma versão marítima da Caçada Selvagem, onde se veem fantasmas cavalgando pelos ares."(BURKE, Peter. *Cultura popular na Idade Moderna:* Europa, 1500-1800. Trad. Denise Bottmann. São Paulo: Companhia das Letras, 2010, pp. 76-7.)

Como deve ter notado o leitor, o universo da cultura popular europeia parece ser, exclusivamente, masculino, o que se deve ao fato de que poucos registros documentais tratam das manifestações culturais femininas, bastante diferentes daquelas praticadas por seus pais, maridos, filhos e irmãos. Além de serem menos letradas do que os homens, as mulheres eram excluídas das guildas e de algumas irmandades, estando-lhe também vedado o mundo das tavernas. Para as mulheres havia as cantigas de amor, cantadas em situações específicas, ligadas às atividades de fiação e moagem de cereais, por exemplo, assim como livros produzidos especialmente para elas.

CARNAVAL: A FESTA DE TODOS

Pouca coisa é mais característica da cultura popular europeia do que a festa, estando aí incluídas as festas familiares, como os casamentos, e as festas públicas, como as dos santos padroeiros das comunidades e paróquias. Além disso, havia as peregrinações a lugares considerados santos e as festas comuns à maioria dos europeus, independentemente do país ou região, como os eventos religiosos (a Páscoa, o Natal, o Ano-Novo ou o Dia de Reis).

Esses momentos de diversão – assim como hoje – eram, também, situações de desperdício, onde se gastava em poucos dias o que poderia ser o sustento da família por muitos meses. Mas nada disso parecia importar, inclusive aos pobres, que pareciam viver espremidos entre a lembrança da festa passada e a expectativa da próxima, como lembrou Peter Burke.

Apesar de todo esse extenso e variado elenco de festas e rituais, especialmente na Europa meridional, o Carnaval deve ser destacado como a festa popular por excelência. Assim como hoje, era no Carnaval que as pessoas pareciam livres para praticar o que desejavam em pensamento. Começando em janeiro, ou mesmo em dezembro, a euforia crescia quando se aproximava a Quaresma, enquanto toda a cidade virava uma espécie de imenso teatro a céu aberto em que atores e espectadores trocavam seus papéis e eram representados pelas mesmas personagens.

Uma das marcas do Carnaval era o exagerado consumo de alimentos e bebidas. Bebia-se como se o fim do mundo parecesse próximo e como se nunca mais fosse possível embebedar-se. Aqui, excepcionalmente, homens e mulheres estavam juntos, muitas vezes trocando de roupa entre si, ostentando máscaras e fantasias de papas, cardeais, padres, demônios, arlequins, magistrados, bobos e até animais selvagens. E o próprio Carnaval, assim como o rei Momo da atualidade, era representado por um homem gordo, adornado por salsichas, aves, coelhos e acompanhado, como na Itália, por um grande caldeirão de macarrão. Quanto à Quaresma, sua forma mais popular de representação era a de uma velhinha magricela, vestindo roupas pretas enfeitadas de peixe.

O Carnaval era mais popular na área mediterrânica, envolvendo a Itália, a Espanha e a França, tinha menos força na Europa central e era menos expressivo na Grã-Bretanha e Escandinávia, talvez por causa do frio, que desestimulava eventos em locais abertos.

Os temas predominantes no Carnaval eram a comida, o sexo e a violência. A comida pode ser exemplificada com o desfile de uma salsicha imensa, cujos duzentos quilos eram suportados por quase cem açougueiros alemães. O sexo, cuja ocorrência aumentava significativamente no Carnaval, pode ser exemplificado por um imenso falo de madeira carregado pelas ruas de Nápoles. Quanto à violência, ela exprimia-se na permissão de xingamentos e profanações ou na agressão direta de animais e pessoas, sobre quem eram descarregados velhos e persistentes rancores. Por conta disso, os assassinatos cresciam de Moscou a Veneza, de Paris a Londres, onde hordas armadas de paus, pedras, marretas e outras ferramentas saqueavam lojas e teatros e atacavam os bordéis.

O "MUNDO DE PONTA-CABEÇA"

"O mundo de ponta-cabeça prestava-se a ilustrações, e dos meados do século XVI em diante foi um tema predileto em estampas populares. Havia a inversão física: as pessoas ficavam de ponta-cabeça, as cidades ficavam no céu, o sol e a lua na terra, os peixes voavam ou, item caro aos desfiles de Carnaval, um cavalo andava para trás com o cavaleiro de frente para a cauda. Havia a inversão da relação entre homem e animal: o cavalo virava ferrador e ferrava o dono; o boi virava açougueiro, cortando em pedaços um homem; o peixe comia o pescador; as lebres carregavam um caçador amarrado ou giravam-no no espeto. [...] O filho aparecia batendo no pai, o aluno batendo no professor, os criados dando ordens aos patrões, os pobres dando esmola aos ricos, os leigos dizendo missa ou pregando para o clero, o rei andando a pé e o camponês a cavalo, o marido segurando o bebê e fiando, enquanto sua mulher fumava e segurava uma espingarda." (BURKE, Peter. *Cultura popular na Idade Moderna: Europa, 1500-1800*. Trad. Denise Bottmann. São Paulo: Companhia das Letras, 2010, p. 256.)

O trecho do box anterior mostra claramente o significado do mundo de ponta-cabeça, que ficaria mais bem entendido se acrescentássemos a ele a palavra *social*, já que era a sociedade que se desejava inverter. Essa vontade apareceu expressa em vários acontecimentos, especialmente nas revoltas camponesas que assinalaram o cenário histórico-social do período, apresentando-se com toda evidência à época da Revolução Francesa

(1789), depois do que duas estampas tornaram-se bastante populares: em uma delas era figurado um nobre cavalgando um camponês e, em outra, era o camponês a montar em um nobre, juntamente com a inscrição "eu sabia que estava chegando nossa vez".

O ESPETÁCULO DA MORTE

Um dos espetáculos mais bem elaborados do início dos tempos modernos era a execução, cuidadosamente preparada pelas autoridades, segundo Peter Burke, para mostrar ao povo que "o crime não compensava". Entretanto, mesmo concordando com essa análise do grande historiador, é possível acrescentar que a morte sempre atraiu o gosto popular, seja nos antigos circos romanos, seja no suplício da crucifixão ou da empalação, nas fogueiras onde eram queimados hereges e mulheres acusadas de bruxaria, e – por que não lembrar? – nos acidentes rodoviários, assassinatos e crimes coletivos da atualidade, onde perecem dezenas e, às vezes, centenas de pessoas, ajuntadas e supliciadas em eventos desprovidos de qualquer escrúpulo ou respeito pela vida humana.

Mas, enfim, retomando o fio de narrativa, à época aqui considerada, os condenados eram conduzidos à execução desfilando em meio à multidão de curiosos, muitas vezes sobre carroças onde eram transportados com cordas no pescoço, anunciando o fim iminente. No patíbulo, eram recepcionados por religiosos e poderiam, se quisessem, dirigir-se aos espectadores, seja para afirmar seu arrependimento, seja para cantar seus crimes em versos. Depois de serem decapitados, enforcados, queimados ou supliciados na roda, eram estripados e esquartejados, tendo as cabeças expostas à entrada das cidades. Menos macabros eram os açoitamentos, igualmente apreciados pelo povo, que exercitava seu sadismo atirando pedras e lama nos condenados, especialmente naqueles expostos à violência coletiva amarrados ao tronco ou presos no pelourinho. Por vezes, entretanto, os valores acabavam invertidos e a tortura pública, ao invés de animar simpatias, provocava repúdio, fazendo com que a população, ao invés de pedras, lama e lixo, atirasse flores aos condenados.

Como é fácil entender, o frenesi aumentava quando o condenado era uma pessoa importante na sociedade, um governante, por exemplo. Foi o caso do grande espetáculo histórico-social que teve a guilhotina como protagonista e a França como palco. Embora de invenção bastante anterior, a guilhotina pareceu ganhar vida ao tempo da Revolução Francesa, arrancando a cabeça de opositores, de antigos líderes revolucionários, como Danton e Robespierre, e atingindo o próprio pescoço do rei Luís XVI e da rainha Maria Antonieta.

Relatos da época mostram a marcha dos condenados pelas ruas de Paris, assistidos por milhares de curiosos, extasiados quando o carrasco erguia as cabeças decepadas numa espécie de corolário do grande e macabro espetáculo.

A preparação do futuro

A REVOLUÇÃO INGLESA DE 1640

Embora longas, as permanências na História parecem incomodar os profissionais da área. Uma história que não se move parece não ser História. Obviamente, nos séculos que assistiram à conformação dos tempos modernos, mudaram as pessoas, as personagens do enredo e os cenários. Entretanto, os mares e depois o céu continuaram a ser submetidos às rotas da guerra e do comércio; os artistas prosseguiram com sua arte; os governantes assumiram o poder e saíram dele, por bem ou por mal; os filósofos desenvolveram seus sistemas de pensamento; os religiosos insistiram em salvar o próximo; os cientistas tentaram explicar as coisas do universo; o povo manteve suas festas e entregou-se à doce alienação dos incultos; sistemas políticos foram construídos e demolidos. E a morte, mais do que a vida, atraiu e ainda atrai olhares e atenções. Mais do que a paz, fez-se a guerra cotidiana entre pessoas e países, por conta de supostas diferenças e efetivos interesses que nada mais fazem do que simular a igualdade perdida que poderia fazer da História um saber edificante.

Quando foi enfatizada a importância das festas populares, não o fiz com a intenção de levar ao leitor a ideia de que a vida das pessoas transcorria em meio ao delírio do júbilo coletivo, imune às dores da dura luta cotidiana pela sobrevivência. Nessa mesma Europa da festa e do suplício público, pessoas privadas do trabalho também eram torturadas, marcadas a ferro e enforcadas, como se fossem marginais ou vagabundos. As ovelhas, como recordamos ao tratar de Thomas More, ocupavam o lugar dos camponeses que, expulsos das terras, perambulavam pelas estradas desfilando a fome coletiva, responsável pela baixíssima expectativa de vida e pelas doenças que vitimavam coletividades inteiras. Os governantes, por sua vez, aferravam-se ao poder, sustentados por cúmplices de toda a espécie, expropriando os súditos para alimentar os parasitas da corte, e à pujança dos salões palacianos e dos edifícios religiosos correspondia a miséria dos cubículos em que se amontoavam os pobres sempre numerosos.

A arquitetura desse mundo, certamente, desagradava a muitos, alimentando o sonho de mudanças sempre prometidas ou esperadas, mas que custavam a ser alcançadas. "Estava chegando a nossa vez", afirmava a frase que emoldurava a imagem do camponês cavalgando o nobre. Será?

Para que a vez do camponês e dos outros pobres chegasse eram necessárias mudanças profundas na sociedade, o que dependia de virar o mundo, literalmente, de ponta-cabeça. Essa inversão, além de representar as festas que assinalavam a cultura popular, também serviu para inspirar o ideário de movimentos sociais que agitaram a vida europeia e serviram para assinalar situações de ruptura com a velha ordem – ou o Antigo Regime –, inaugurando, na crença de muitos, uma nova e promissora fase da história.

O mundo de ponta-cabeça virou título de um precioso livro do historiador inglês Christopher Hill e que tem o subtítulo *Ideias radicais durante a Revolução Inglesa de 1640*. Hill (1912-2003) é considerado, com justiça, o principal estudioso da Revolução Inglesa de 1640 e analisa, em seu livro, os movimentos radicais da revolução seiscentista que depôs e executou o rei Carlos I, em 1649, e instalou um governo fortemente influenciado pela ética protestante e os ideais sociopolíticos de caráter burguês. Mas o que significa isso? Ora, a partir do século XV, mas principalmente no século XVI, o capitalismo fincou raízes profundas no solo inglês, representado pela ascensão de burgueses e arrendatários fortemente comprometidos com a sociedade que emergia dos destroços do mundo medieval, ainda representado no Estado nacional absolutista.

Entre outros méritos, os trabalhos de Christopher Hill atingiram na base as ideias de consenso e "gentileza" com que se explicavam as mudanças histórico-sociais, uma espécie de mito que, apesar de sua eficácia, comprometeram por muito tempo a compreensão da história inglesa, especialmente a relacionada ao "grande evento" de 1640. Para ele, Carlos I deve ser considerado, inicialmente, um rei refém das forças políticas conservadoras, encarnando um despotismo fraco e em rota de choque com o Parlamento, dissolvido por ele em 1628, e com a própria igreja oficial. Esse divórcio entre o monarca – defensor das teorias favoráveis ao direito divino dos reis – e as instituições políticas inglesas levou à convocação do Longo Parlamento, que durou vinte anos (1640-1660) e deu início à guerra civil, em 1640, pondo o rei claramente em xeque e, após o fracasso das tímidas negociações ensaiadas, acabaram por levá-lo à prisão.

As lideranças revolucionárias, representadas por Oliver Cromwell, organizaram o Exército de Novo Tipo (*New Modern Army*), excluindo do comando os lordes e a maior parte dos deputados e afirmando a importância do valor e do mérito pessoais dos soldados, independentemente dos privilégios de nascimento. Para Cromwell, seu exército era "uma companhia de soldados encantadores, se os conhecêsseis bem, havíeis de respeitá-los", assim como a sociedade puritana, submetida aos valores da Igreja da Reforma.

> **UMA VIDA TRISTE E DESAGRADÁVEL**
>
> "Durante o reinado dos puritanos, e na medida em que estes podiam influenciá-la, a vida foi bastante triste e desagradável. Proibiam os prazeres favoritos dos ingleses: o teatro, as corridas de cavalos e os combates de galos. As casas de jogos e as casas de prostituição foram encerradas. Ao domingo, patrulhas percorriam as ruas e mandavam fechar as tabernas. Todos deviam passar o dia em família, lendo as Escrituras e cantando salmos. Ao domingo, na cidade de Londres, só se ouvia o 'murmúrio de preces ou cânticos que vinham das igrejas'. Em 1644, o Parlamento proibiu a venda, ao sábado, de mercadorias; nem sequer consentia que se viajasse, que se fizesse transporte de fardos; nem o repicar dos sinos, tiros, mercados, danças, jogos, ou bebidas tolerava, sob pena de multa de cinco xelins por cada pessoa com mais de 14 anos. Os pais ou tutores pagavam pelas crianças culpadas destas infrações. Nos serviços religiosos, subtraía-se tudo o que pudesse lembrar a pompa e a beleza das cerimônias católicas ou até anglicanas. No seu diário, Evelyn conta que em 1657 fora preso no dia de Natal, numa capela, 'por ter cumprido as superstições do tempo do Natal." (MAUROIS, André. *História de Inglaterra*. Lisboa: Ariel, s. d. Apud MICELI, Paulo. *As revoluções burguesas*. 22. ed. São Paulo: Atual/Saraiva, 2010, p. 48.)

Apesar de controlados em seus desejos por mudanças mais profundas na sociedade, as classes populares ganharam destaque nas análises de Christopher Hill sobre a Revolução Inglesa, especialmente por conta da filiação do autor ao marxismo, e o desfecho do movimento poderia ser anunciado de antemão, já que "para o puro, todas as coisas são puras". Assim, embora o Parlamento contasse com considerável apoio dos grupos populares – cuja insatisfação tinha profundas raízes no cenário político-social inglês –, os resultados do movimento revolucionário beneficiaram, sobretudo, a pequena nobreza e os comerciantes, que, após a derrota do rei, pressionaram fortemente o Parlamento para controlar os "excessos" das instituições pós-revolucionárias.

No interior desse embate entre as forças revolucionárias mais radicais e aquelas que, satisfeitas em ver atendidos seus interesses mais imediatos, buscaram conter os "exageros" daqueles que ansiavam por um mundo, de fato, de ponta-cabeça, surgiram as principais correntes responsáveis por verdadeiras revoltas dentro da Revolução, propondo novas soluções políticas (levellers, diggers e pentamonarquistas), religiosas (batistas, quacres) ou céticos mais radicais (seekers, ranters, diggers).

No movimento, essas diversas tendências acabaram por se misturar, pondo em cena uma espécie de novidade política representada pelo povo armado, tornando Londres uma espécie de refúgio de "homens sem governo", com "mentes de palha seca" facilmente inflamáveis. Assim, animadas pelo agravamento das dificuldades na luta diária pela sobrevivência, especialmente entre 1620 e 1650, as revoltas se radicalizaram, pondo fim aos tribunais eclesiásticos e à censura e levando, segundo nosso autor, ao desenvolvimento acelerado do pensamento político, fortemente assinalado pelos ideais de anticlericalismo e irreligião. O povo transformou-se, então, em um aliado incômodo para as lideranças revolucionárias mais conservadoras, contentes, apenas, com a deposição e execução de Carlos I.

Os movimentos populares reivindicavam o estabelecimento da propriedade comunal e a ampliação das conquistas de caráter democrático, pondo-se em conflito com a Igreja estatal e rejeitando a ética protestante. Esses grupos eram formados por homens e mulheres pobres, precariamente educados, mas que defendiam um radical aprofundamento das conquistas revolucionárias, sinceramente desejado e violentamente temido.

Mas, enfim, no que resultou a revolução? Ora, mesmo que a História seja um dos piores espaços para considerações de ordem psicológica, é sempre grande a tentação de especular sobre os traços de personalidade de seus protagonistas mais destacados. Oliver Cromwell, por exemplo, é apresentado como puritano fanático, melancólico e dado a pesadelos e insônia, vivendo em estado que seus contemporâneos chamavam de místico arrebatamento. Emocionava-se facilmente e, por vezes, chegava às lágrimas; agressivo na defesa de sua fé, acolhia fraternalmente os que se identificavam com ela, e era na Bíblia e nas orações que seus pensamentos se demoravam antes de partir para a luta ou tomar grandes decisões, como foi o caso de decidir pelo julgamento do rei, o que resultou em sua morte. As vitórias eram consideradas por ele deliberações de Deus, representando a guerra civil uma espécie de missão para construir o país de seus sonhos – pintado com detalhes no quadro traçado por André Maurois e citado anteriormente. O problema é que os "encantadores" soldados desse *eleito de Deus* ajudaram a forjar uma sociedade nada santa, que erigiu a ganância como sua principal divindade. Assim, o rei por direito divino foi substituído por Oliver Cromwell, lorde protetor da Inglaterra, Escócia e Irlanda, que permaneceu no governo até a morte, em 1658, quando o poder passou para seu filho, Richard. Depois do efêmero governo de Richard Cromwell, a monarquia acabou restaurada, subindo ao trono Carlos II, filho do monarca destronado e executado. Com isso, a Coroa inglesa deixou de ser usada por um homem que se considerava legítimo representante de Deus e passou a ornamentar a cabeça de um legítimo defensor dos interesses de capitalistas e comerciantes. E foi por conta disso que os pobres e infelizes continuaram pobres e infelizes.

MUDANÇAS SOCIAIS NOS DOIS LADOS DO CANAL DA MANCHA

A história seguiu seu curso e a sociedade inglesa foi sendo submetida aos rigores da industrialização capitalista. Nas cidades, o novo sistema social de produção teve de enfrentar a resistência das guildas, forçando a concentração dos primeiros estabelecimentos fabris nas cidades portuárias ligadas ao comércio ou na zona rural. No comando dessa produção baseada no trabalho assalariado estavam alguns artesãos e mestres de corporação, os quais foram se transformando nos primeiros industriais capitalistas. Outro passo importante para consolidar o capitalismo em seus momentos iniciais foi a superação de uma fase em que os trabalhadores produziam em suas próprias casas para um empresário (que controlava a matéria-prima e a distribuição do produto no mercado), para a fase das unidades manufatureiras, com o que foram criadas as bases para o sistema fabril propriamente dito, eliminando todos os resquícios de autonomia e liberdade dos trabalhadores.

Nessas primeiras indústrias, o trabalho se estendia por longas jornadas, iniciadas antes do nascer do sol e encerradas à noite, quando se reacendiam as luzes dos lúgubres estabelecimentos que Charles Dickens desenhou tão bem no seu belíssimo romance *Tempos difíceis*. Nesse universo onde os trabalhadores eram explorados até o limite de suas forças, a maquinaria ocupava lugar central, construindo na cena histórica aquilo que se chamou Revolução Industrial, com o que os artefatos mecânicos tornaram-se símbolo e sinônimo de um sistema social específico, no qual a máquina passou a encarnar seu duplo papel, auxiliando o trabalho humano e, ao mesmo tempo, tornando os trabalhadores cada vez menos necessários à produção, o que promoveu sua extrema desvalorização.

Karl Marx, um dos mais importantes estudiosos desse processo, afirmou que quando o homem deixou de atuar diretamente com suas ferramentas sobre o objeto de trabalho, a força de seus músculos deixou de ser necessária, podendo ser substituída pela água, o vapor ou quaisquer outras formas de energia, podendo-se acrescentar a isso a lembrança de que a própria habilidade do trabalhador tornou-se dispensável.

Tudo isso, como é fácil observar, espalhou seus efeitos no tempo e no espaço, podendo ser observado nos dias de hoje, ante o radical processo de informatização da produção industrial e dos demais setores da economia.

Enquanto os ingleses vivenciavam a dura e radical implantação do sistema de máquinas – com todas as suas decorrências –, a monarquia absolutista francesa arrastava-se pelo longuíssimo reinado de Luís XIV (1643-1715), ao qual se seguiu o também longo governo de seu bisneto, Luís XV, o Bem-amado – que assumiu o trono aos 10 anos de idade e ali permaneceu por 59 anos (1715-1774). Com a morte de Luís XV, o trono foi herdado por seu neto, Luís XVI, que – ao contrário dos antecessores – teve um reinado relativamente curto, que durou "apenas" 16 anos e pouco (1774-1791). Somados os governos dos três reis, atinge-se a elevada cifra de 147 anos. Mas o que diferenciou esses reinados foi, principalmente, a forma como os monarcas deixaram o trono: os dois primeiros em idade avançada e o terceiro destronado por forças de oposição à realeza, já que, deposto e levado a julgamento, Luís XVI acabou seus dias pela lâmina da guilhotina, aos 38 anos, em janeiro de 1793.

Mas o que teria levado à deposição e execução do rei? Como entender a radicalização de um processo histórico-social que caminhou para organizar um tão grande espetáculo apresentado à nação francesa e aos demais povos da Terra? A resposta mais óbvia é que o absolutismo, à época da Revolução Francesa, já havia esgotado suas possibilidades de existir. Sua permanência contrariava, por assim dizer, o grande e determinante calendário da história. Faltava, apenas, realizar o grande espetáculo de seu sepultamento.

A FORÇA DE PROMESSAS REVOLUCIONÁRIAS

Uma solene declaração, emitida no dia 5 de fevereiro de 1794, afirmava as intenções dos revolucionários franceses que, um ano antes, haviam mandado o rei Luís XVI à guilhotina: "Queremos, em resumo, satisfazer os votos da natureza, cumprir os destinos da humanidade, manter as promessas da filosofia, absolver a providência do longo reino do crime e da tirania [...]. E que, selando nosso trabalho com o nosso sangue, possamos ao menos ver brilhar a aurora da felicidade universal".

Para tentar preencher de sentido essas palavras, é preciso desenhar, mesmo que sucintamente, o quadro com os principais traços da história francesa naqueles anos finais do Antigo Regime.

As "promessas da filosofia" que precisavam ser asseguradas referiam-se à essência do pensamento iluminista, que apontava o homem como principal responsável por seus males e considerava a razão a base do progresso humano rumo à emancipação. O Iluminismo, afirmava Immanuel Kant, era "a saída do homem da sua menoridade de que ele próprio é culpado", caracterizando-se essa menoridade pela "incapacidade de se servir do entendimento sem a orientação de outrem", o que levou o pensador alemão a anunciar a palavra de ordem do Iluminismo: *Ousa saber!*

Por sua vez, Jean-Jacques Rousseau, no seu *Discurso sobre a origem e os fundamentos da desigualdade entre os homens*, de 1754, ao avaliar o quanto as ações e realizações da humanidade resultavam ou não em felicidade, enxergou o que chamou de espantosa desproporção: "Quando, de um lado, consideramos o imenso trabalho dos homens, tantas ciências profundas, tantas artes inventadas, tantas forças empregadas, abismos entulhados, montanhas arrasadas, rochedos quebrados, rios tornados navegáveis, terras arroteadas, lagos cavados, pantanais dissecados, construções enormes elevadas sobre a terra, o mar coberto de navios e marinheiros, e quando, olhando do outro lado, procuramos, meditando um pouco as verdadeiras vantagens que resultaram de tudo isso para a felicidade da espécie humana, só podemos nos impressionar com a espantosa desproporção que reina entre essas coisas, e deplorar a cegueira do homem, que, para nutrir seu orgulho louco, não sei que vã admiração de si mesmo, o faz correr ardorosamente para todas as misérias de que é suscetível e que a benfazeja natureza havia tomado cuidado em afastar dele."

Em síntese, ao considerar os destinos da humanidade do ponto de vista da constituição natural das coisas, Rousseau afirmou que o homem parecia "destinado a ser a mais feliz das criaturas"; entretanto, isso era desmentido pelo estado atual da espécie, o que o levou a concluir, a exemplo de Kant, que "a maior parte dos seus males é obra sua".

KANT E A FINALIDADE DA HISTÓRIA HUMANA

"[...] a história da natureza inicia com o bom, pois é obra de Deus, a história da liberdade inicia com o mau, pois é obra do homem. Para o indivíduo, que no uso de sua liberdade tem em vista apenas a si mesmo, aquela mudança foi uma perda; para a natureza, cujos fins dizem respeito ao homem enquanto espécie, foi um ganho. Por isso, o indivíduo tem motivos para imputar-se como culpado de todos os males que sofre e de todo o mau que comete, mas, como membro de um todo (uma espécie), tem da mesma forma motivos para se admirar e exaltar a sabedoria e a finalidade do arranjo." (KANT, Immanuel. Início conjectural da História Humana. Trad. Joel Thiago Klein. *ethic@*, Florianópolis, v. 8, n. 1, jun. 2009, p. 162. Disponível em: <https://periodicos.ufsc.br/index.php/ethic/article/download/.../18479>. Acesso em: 16 ago. 2013.)

Enquanto Rousseau concebia uma história fictícia, Kant pensava uma história real, compreendida de maneira empírica, o que não quer dizer que a história do filósofo alemão fosse, exatamente, a dos historiadores, mas sim uma história do *sentido* da vida humana, já que no curso absurdo dos assuntos humanos (a história empírica), existia uma finalidade, não concebida por nenhuma inteligência suprema, nem desejada por qualquer sociedade histórica. Essa finalidade não correspondia a um plano da natureza, que, paradoxalmente, realizava os seus fins através dos homens. Ainda em *Início conjectural da História Humana*: "Os indivíduos e mesmo os povos inteiros não pensam que ao perseguirem os seus fins particulares em conformidade com os seus desejos pessoais e muitas vezes em prejuízo de outrem, conspiram sem o saber com o desígnio da natureza."

Finalmente, Kant afirmou em sua *Ideia de uma História Universal de um ponto de vista cosmopolita* que o poder de que o homem – enquanto espécie, não no plano individual – estava dotado para realizar seus projetos era a razão, já que a natureza dera ao homem "o impulso para a humanidade", mas não a sua humanidade, pois "ao munir o homem da razão, a natureza indicava claramente o seu plano [...]. O homem não devia ser governado pelo instinto nem secundado por um conhecimento inato; devia tudo tirar de si mesmo".

Essas ideias representam o substrato do ideário da Revolução Francesa e serviram para convencer a todos aqueles que consideravam impossível realizar na Terra a felicidade humana que a miséria, a opressão e os demais males que atingiam a sociedade, por serem obra dos homens, poderiam ser por eles superados, alcançando-se a "felicidade universal", cumprindo-se os "votos da natureza" e pondo fim ao "longo reino do crime e da tirania", conforme se pode ler nas promessas da declaração anteriormente transcrita e em muitos outros documentos elaborados pelos filósofos do século XVIII. Deve-se a esses pensadores a elaboração de uma nova concepção de vida e sociedade bastante diferente daquela que a Igreja concebera e defendera desde a Idade Média. Sobre isso é preciso lembrar, apenas, que os valores propagados pelo pensamento religioso, conquanto tenham sido submetidos à crítica filosófica, não deixaram de orientar a vida da imensa maioria da população que, alheia às elucubrações produzidas por intricados sistemas de pensamento, assim como hoje, continuaram transferindo para as instâncias de um sempre presente pós-morte suas esperanças de felicidade.

Kant, por sua vez, atento à história de seu tempo, percebia sinais anunciadores da caminhada para as Luzes, quais sejam: a extensão das liberdades econômicas, civis e religiosas na Inglaterra, na Alemanha ou na Áustria no final do século XVIII e, no mesmo momento, na Revolução Francesa. Para ele, em *O Conflito das faculdades*, o fenômeno da Revolução na História do mundo jamais seria esquecido, porque ela "descobriu no fundo da natureza humana uma possibilidade de progresso moral de que nenhum homem político tinha até então desconfiado".

> **A EMANCIPAÇÃO PELO SABER**
>
> "Contra a tradição e o pensamento autoritário, o iluminismo propunha o uso da razão, e uma nova divindade instalou-se no espaço que os homens sempre possuem para abrigar seus mitos: o saber. Não um saber qualquer, desinteressado (se é que esse tipo de saber tenha alguma vez existido), mas um saber científico e especializado. Graças a esse saber, os homens estariam livres do medo e seriam transformados em senhores; seus mitos seriam anulados e sua imaginação dissolvida; as práticas supersticiosas e a crença cega no feitiço seriam superadas. Mais: a crença na superioridade do outro seria deixada de lado; o conhecimento verdadeiro deveria ser buscado sempre para que as certezas fáceis e não questionadas fossem postas em causa. Finalmente – sempre à custa do poderoso instrumento que abriga a superioridade humana – a subordinação à Natureza seria eliminada, a partir de seus próprios exemplos. Assim, a Natureza seria colocada a serviço dos homens, o que, evidentemente e no final das contas, permitiria estender esse domínio também aos outros homens, pois saber também é poder." (MICELI, Paulo. *As revoluções burguesas*. São Paulo: Atual/Saraiva, 2010, pp. 54-5.)

Em resumo, graças à razão, a humanidade teria por destino a salvação e a doutrina da predestinação, alicerce do calvinismo, acabou encontrando no Iluminismo seu correspondente filosófico.

No mundo mais palpável das questões humanas, o ideário da Revolução pregava a liberdade, a igualdade e a fraternidade; entretanto, é difícil ponderar que, se fosse respeitada a igualdade, seriam atendidas as demais reivindicações revolucionárias, todos seriam livres e viveriam de modo fraternal – coisas que o espetáculo da história jamais apresentou ao longo do tempo, pois, como já percebia Voltaire, a desigualdade entre os homens era uma condição fatal e eterna. É importante lembrar, ainda, que a igualdade pleiteada pelos filósofos era a igualdade civil perante as leis e todos nós sabemos que a lei, independentemente das elevadas intenções de seus elaboradores, jamais foi, não é e nem será igual para todos.

Assim, ao desmantelamento do Antigo Regime seguiu-se a consolidação de um sistema social igualmente assentado em privilégios, não mais da nobreza, mas do direito à propriedade, o mais legítimo de todos, e como a propriedade nunca esteve ao alcance de todos a desigualdade de sua divisão continuou impedindo que se conquistasse a liberdade e a fraternidade efetivas, a despeito das belas palavras e das boas intenções dos revolucionários.

ESBOÇANDO O ANTIGO REGIME...

A expressão *Antigo Regime* precisa de um esclarecimento, sendo necessário, mesmo que brevemente, dizer o que os historiadores entendem por ela. Inicialmente, lembramos que, apesar desses profissionais terem posto o ponto final da Idade Média no século XV, alguns traços, por assim dizer, feudais da sociedade francesa insistiram em manter-se em cena, mesmo levando em conta o fato de que as tradicionais rendas senhoriais haviam se tornado pouco significativas se comparadas aos arrendamentos capitalistas e ao sistema de exploração direta do trabalho no campo. Além disso, como foi registrado, o absolutismo deixava escapar, gradativamente, muitas de suas atribuições, como, por exemplo, as relativas ao sistema legislativo e judiciário, cada vez mais exercidas pelo Parlamento e pelas Cortes, sem contar a resistência de setores onde sobreviviam elementos da justiça senhorial ou dos poderes locais, sempre avessos à unificação e centralização da administração. Enquanto isso, os intendentes – escolhidos entre membros da alta burguesia – exerciam o poder mais efetivo. Eram eles que controlavam a justiça, as finanças e o aparelho policial, zelando pela segurança, vigiando os antigos magistrados e julgando, em última instância, os responsáveis pelas revoltas, especialmente as campesinas, principal ameaça à longa duração do Antigo Regime. Eram os intendentes que fiscalizavam as atividades comerciais, agrícolas e industriais, controlando, ainda, o recrutamento para o exército e, sobretudo, desfrutando do privilégio de cobrar impostos que antecipavam à Coroa, endividando-a cada vez mais e aumentando a dívida pública na mesma proporção em que conquistavam mais poder e privilégios.

Como é fácil de compreender, esses funcionários plenipotenciários foram ocupando o espaço das autoridades locais, comprometendo o pequeno apoio que a nobreza ainda poderia oferecer à monarquia. Consequentemente, extinguiram-se as instâncias políticas locais, voltando-se os antigos representantes da nobreza contra a monarquia, cada vez mais isolada no palácio de Versalhes.

Para ampliar ainda mais o colapso financeiro da monarquia, havia as guerras intermináveis com a Áustria, a Prússia e, principalmente, a Inglaterra, o que acabou exportando os conflitos para o Canadá e para a Índia.

Finalmente, no que se refere mais especificamente à constituição da sociedade francesa no Antigo Regime, ela estava composta por três Estados, que faziam as vezes das chamadas classes sociais do mundo burguês em construção, a saber: o primeiro Estado, formado pelo clero – os que rezavam –, vindo a seguir a nobreza – os que lutavam –, que formava o segundo Estado. Finalmente, na base da pirâmide, o terceiro Estado – os que trabalhavam –, integrado por burgueses (comerciantes, financistas, industriais), artesãos, trabalhadores do campo e da cidade; enfim, todo o restante da sociedade, o que resultava em um grupo extremamente heterogêneo, grupo esse que acabou representando a principal força de oposição à monarquia, destacando-se nele o campesinato, já que dos cerca de 24 milhões de franceses que havia na época da Revolução, aproximadamente 18 milhões viviam no campo.

TRABALHAR MUITO EM TROCA DE POUCO. OU NADA...

"Era sobre as camadas 'inferiores' do campesinato que recaíam as cargas mais pesadas. Além do fardo dos impostos reais, estavam sujeitas ao trabalho obrigatório e não remunerado, às 'obrigações' eclesiásticas e ao cumprimento das obrigações feudais que ainda existiam. Em poucas palavras: trabalhar e pagar em troca de uma sobrevivência de extrema miséria. Embora a servidão pesasse sobre muitos desses camponeses, a maioria era constituída de camponeses livres. Contudo, o processo de empobrecimento que atingia a todos fazia deles um conjunto de seres extremamente assemelhados. O recurso era submeter-se à condição de jornaleiro ou assalariarem-se nas indústrias rurais ou mesmo urbanas, onde a situação de miséria se reproduziria.

Assim, de um lado, puxavam os velhos senhores feudais e a própria monarquia que, além de prestígio, perdiam rapidamente as riquezas em favor da burguesia: aumentavam desesperadamente as taxas e tributos, na esperança de manter o que lhes restava de privilégios. De outro lado, puxavam os novos proprietários de terras e os arrendatários capitalistas, a quem mesmo alguns nobres e proprietários eclesiásticos arrendavam suas terras. Puxa de cá, puxa de lá, uma hora a coisa rompe. E ameaçou romper... As revoltas explodiram em toda a parte e a questão camponesa assumiu um papel central na cena política."
(MICELI, Paulo. *As revoluções burguesas*. São Paulo: Atual/Saraiva, 2010, p. 67.)

Foram essas forças políticas, com características e interesses heterogêneos, que – apoiadas pelos miseráveis que formavam a nação – forneceram os elementos responsáveis pela construção da trama com que se procura entender e explicar a Revolução Francesa. Mais do que o embate entre um combalido Antigo Regime e forças renovadoras, a Revolução pouco mais foi do que o previsível resultado da revolta coletiva de uma população faminta, que tomava cada vez mais consciência de sua absurda condição de montaria sobre a qual nobres e religiosos, assistidos por um falido tirano, cavalgavam pelas trilhas douradas que conformavam o mapa de seu paraíso existencial.

Assim, quando o forte Parlamento de Paris, em 1788, exigiu a convocação dos Estados Gerais, uma espécie de Assembleia, desativada desde 1614, os representantes do terceiro Estado – recrutados entre os setores mais cultos da burguesia, com destaque para os profissionais liberais – acabaram capitalizando a onda de insatisfação popular. Mais ainda, inclusive com o apoio de setores dissidentes da nobreza e da aristocracia, esses representantes conseguiram fazer com que o voto fosse por cabeça e não mais por ordem, o que reduziu em muito o poder dos dois outros Estados. Assim, graças à força de seu discurso, as reivindicações do terceiro Estado em defesa de igualdade civil, jurídica e fiscal, garantida por um governo representativo que pudesse assegurar essas conquistas, acabaram se tornando aspirações de praticamente toda a nação francesa, identificada pela miséria que se abatia sobre quase todos. Graças a essa condição comum, a imensa propaganda revolucionária ocupou as mentes, moldou vontades coletivas e animou ações contrárias à monarquia.

Essas ações, incentivadas pelas decisões de Luís XVI – especialmente quando revogou as decisões do terceiro Estado, que então se declarara Assembleia Nacional, e quando determinou a votação em separado de cada Estado –, acabaram acendendo os ânimos da população revoltada. Além disso, o monarca decidiu manter as dízimas, as rendas e deveres feudais e senhoriais, em grande parte responsáveis pela miséria do povo, o que foi acompanhado pela demissão de Necker, um ministro que se identificava fortemente com o terceiro Estado.

Obviamente, o rei tentava de todo modo manter-se no poder, mas suas desastradas atitudes fizeram com que grande número de representantes do clero e da nobreza aderissem formalmente ao terceiro Estado que, assim, decidiu proclamar-se Assembleia Nacional Constituinte. O rei e setores mais conservadores da aristocracia decidiram fechar o cerco contra a Assembleia Constituinte, o que insuflou ainda mais os ânimos da população que via nela uma chance de aliviar suas dores e que, portanto, investiria furiosamente contra quem a ameaçasse.

O conflito explodiu quando o rei decidiu cercar Paris e, no dia 12 de julho de 1789, o povo armado passou a ameaçar as propriedades dos aristocratas. Dois dias depois, os revoltosos conseguiram apoderar-se de 30 mil fuzis e alguns canhões, formando uma milícia popular que se dirigiu para a Bastilha, uma espécie de símbolo do absolutismo, onde o rei trancafiava seus inimigos políticos, tomando-a em poucas horas.

Era 14 de julho de 1789...

Ante a vitória popular, o rei capitulou, enquanto a burguesia – assumindo-se como porta-voz e representante de toda a nação – assumiu o governo da capital. Passado o entusiasmo inicial, reinstalou-se a crise: já em setembro de 1789, a multidão de famintos voltava a desfilar pelas ruas e, no mês seguinte, convocados por um grupo de mulheres que protestavam contra a falta de pão – o principal alimento da população –, cerca de 20 mil pessoas marcharam sobre Versalhes, tendo um pequeno grupo conseguido chegar próximo aos aposentos da rainha. Por conta da ação da guarda nacional os manifestantes foram contidos, mas exigiram que a sede do governo fosse transferida para Paris, fazendo com que o rei e a Assembleia Nacional ficassem ao alcance dos olhos da população.

Por pouco tempo, a discórdia pareceu eliminada, mas não tardou a ficar evidente que qualquer forma de reconciliação com o Antigo Regime estaria fadada ao fracasso. Insatisfeito o exército, insatisfeita a Igreja – cujas propriedades haviam sido postas "a serviço da nação" –, o rei tentou fugir do palácio com a intenção de reunir forças nacionais e estrangeiras para recuperar não o trono, que ainda não lhe fora tomado, mas as prerrogativas reais que perdera.

Luís XVI foi preso na fronteira e recambiado para Paris, onde crescia a vontade de instalar na França um governo republicano. Diante dos "exageros" dos manifestantes contrários à monarquia, a burguesia que comandava a Assembleia Constituinte determinou à guarda nacional que abrisse fogo contra os manifestantes, até que, em setembro de 1791, a França recebeu sua Constituição.

Agora, mais do que nunca, os limites do novo regime ficaram claros. De acordo com o texto, seriam eleitores apenas aqueles que tivessem propriedades que, dependendo do caso, equivalessem a 150, 200 ou 400 jornadas de trabalho, o que deixava de fora da vida política a quase totalidade da população, que nada tinha de seu além do corpo vitimado pela fome e pela doença. Do mesmo modo, esse grande contingente de pessoas ficava de fora da guarda nacional, o que, em última instância, dava à burguesia armada o controle do povo desde sempre desarmado.

Quanto ao rei que, novamente, jurou fidelidade à nação, acabou sendo identificado a tudo de ruim que acontecia ao povo que insistia em "ver brilhar a aurora da felicidade universal".

Finalmente, em 20 de setembro de 1792, foi proclamada a República e o rei, acusado de traição, foi declarado prisioneiro. Os revolucionários, graças às barricadas erguidas pelos manifestantes mais radicais e ainda mantidos sob controle, criaram um novo calendário, tentando provar que ali tinha início uma nova história da humanidade.

Poucos meses depois, por ordem desses parteiros do novo mundo, Luís XVI foi abatido na guilhotina logo seguido pela rainha Maria Antonieta. Enquanto a burguesia deixava claro o destino que aguardava seus adversários, a guilhotina pareceu ganhar vida e vontade próprias, inclusive com sua lâmina se abatendo sobre algumas das principais lideranças revolucionárias, como Danton, Desmoulins, Phillipeaux e Robespierre. E apenas entre setembro de 1793 e julho de 1794 – durante o chamado período do Terror –, perto de 20 mil pessoas foram executadas nas cerca de 50 guilhotinas espalhadas pela França, oferecendo à população um espetáculo público macabro que seria extinto apenas em 1939, mas que continuou acontecendo longe dos olhos do povo até 1977, quando foi executado em Marselha um marginal condenado à morte por tortura e estupro seguido de morte.

DIREITOS DO HOMEM? DIREITOS DA MULHER? DIREITOS HUMANOS...

A leitora e até mesmo o leitor devem ter notado que são escassas neste livro as referências às mulheres. Governantes e artistas, filósofos e escritores, tecelões e filósofos sapateiros, cientistas e líderes revolucionários; enfim, as personagens que povoam estas páginas são masculinas em sua quase totalidade e nossa principal referência ao universo feminino só serviu para registrar sua tímida presença nos ambientes e expressões da cultura popular. Culpa dos registros e documentos ou das sociedades que os produziram? Culpa de uma visão estreita, deturpada ou até machista do autor? O julgamento, obviamente, cabe aos leitores e leitoras, mas é possível afirmar, com grande dose de certeza, que inscrever a mulher na História – a que se vive, a que se conta e a que se escreve – é tarefa que cabe especialmente a ela. Não se trata de um tipo de *permissão* ou outra qualquer espécie de complacência masculina, mas, sim, de seu decidido envolvimento na luta cotidiana de fazer história ou – melhor – de tornar-se história.

Assim foi com Olympe de Gouges, para quem se a mulher tinha o duvidoso direito de subir ao cadafalso para ser, como ela, guilhotinada, deveria ter "igualmente o direito de subir à tribuna". Entretanto, embora a Revolução Francesa tivesse aberto espaço público às mulheres, estas continuaram privadas da condição de cidadãs. E foi contra isso que Olympe de Gouges e outras militantes se insurgiram.

Mas quem foi essa personagem fascinante, que o senso comum muitas vezes abraçado pelos historiadores acabou quase apagando da história da Revolução Francesa? Em que pesem as revisões mais recentes da História, é praticamente impossível achá-la referida nos livros e manuais destinados ao ensino, ficando Olympe de Gouges circunscrita ao trabalho de especialistas e militantes dos direitos humanos.

Marie Gouze, seu nome de batismo, era filha de um açougueiro e de uma lavadeira. Aos 16 anos, casou-se com um homem muito mais velho e deu à luz, um ano depois, seu único filho, enviuvando logo em seguida. Resistindo à insistência da família, recusou-se a contrair novo matrimônio, já que o casamento, para ela, era "o túmulo da confiança e do amor". Além disso, os compromissos de esposa a impediriam de se tornar uma mulher de letras, seu maior sonho. Com esse projeto em mente, transferiu-se para Paris e passou a assinar Olympe de Gouges. Levada pelo amante, passou a frequentar os salões de arte, onde pôde conhecer e conviver com alguns dos mais expressivos representantes da filosofia e da literatura, e foi nesses ambientes que formou as bases de sua militância, em favor de causas como a libertação dos escravos, a emancipação das mulheres, a instituição do divórcio, a construção de orfanatos e maternidades para as mães solteiras, a disponibilidade de espaços destinados ao teatro sobre temas feministas; enfim, um conjunto de causas de grande impacto diante dos valores da cultura do Antigo Regime, muito pouco alterados pelas lideranças revolucionárias francesas.

Do mesmo modo que a Revolução Inglesa teve seus representantes radicais, como vimos páginas atrás, não é exagero afirmar que Olympe de Gouges (1748-1793) encarnou o ideário mais progressista e igualitário da Revolução Francesa. E foi sob a acusação de "ter querido ser um homem de Estado e ter esquecido as virtudes próprias de seu sexo", que Olympe de Gouges foi guilhotinada, por petição de Robespierre, a 3 de novembro de 1793. Embora não tenha sido ela a única mulher a subir ao cadafalso – havendo registro de outras 374 supliciadas na guilhotina –, a voz de sua liderança ganhou destaque nos movimentos em defesa da igualdade e dos direitos humanos, abandonados pelos revolucionários de 1789.

DECLARAÇÃO DOS DIREITOS DA MULHER E DA CIDADÃ
(OLYMPE DE GOUGES, 1791)

PREÂMBULO

As mães, as filhas, as irmãs, representantes da nação, reivindicam constituir-se em Assembleia Nacional. Considerando que a ignorância, o esquecimento, ou o desprezo da mulher são as únicas causas das desgraças públicas e da corrupção dos governantes, resolvem expor em uma Declaração solene os direitos naturais, inalienáveis, e sagrados da mulher, a fim de que esta Declaração, constantemente, apresente a todos os membros do corpo social seu chamamento, sem cessar, sobre seus direitos e seus deveres, a fim de que os atos do poder das mulheres e aqueles do poder dos homens, podendo ser a cada instante comparados com a finalidade de toda instituição política, sejam mais respeitados; a fim de que as reclamações das cidadãs, fundadas doravante sobre princípios simples e incontestáveis, estejam voltadas à manutenção da Constituição, dos bons costumes e à felicidade de todos.

Em consequência, o sexo superior tanto na beleza quanto na coragem, em meio aos sofrimentos maternais, reconhece e declara, na presença e sob os auspícios do Ser superior, os Direitos seguintes da Mulher e da Cidadã:

1. A mulher nasce e vive igual ao homem em direitos. As distinções sociais não podem ser fundadas a não ser no bem comum.

2. A finalidade de toda associação política é a conservação dos direitos naturais e imprescritíveis da mulher e do homem: estes direitos são a liberdade, a propriedade, a segurança, e, sobretudo, a resistência à opressão.

3. O princípio de toda soberania reside essencialmente na Nação, que não é nada mais do que a reunião do homem e da mulher: nenhum corpo, nenhum indivíduo pode exercer autoridade que deles não emane expressamente.

4. A liberdade e a justiça consistem em devolver tudo o que pertence a outrem; assim, os exercícios dos direitos naturais da mulher não encontram outros limites senão na tirania perpétua que o homem lhe opõe; estes limites devem ser reformados pelas leis da natureza e da razão.

5. As leis da natureza e da razão protegem a sociedade de todas as ações nocivas: tudo o que não for resguardado por essas leis sábias e divinas não pode ser impedido e ninguém pode ser constrangido a fazer aquilo a que elas não obriguem.

6. A lei dever ser a expressão da vontade geral; todas as Cidadãs e Cidadãos devem contribuir pessoalmente ou através de seus representantes à sua formação: todas as cidadãs e todos os cidadãos, sendo iguais aos seus olhos, devem ser igualmente admissíveis a todas as dignidades, lugares e empregos públicos, segundo suas capacidades e sem outras distinções, a não ser aquelas decorrentes de suas virtudes e de seus talentos.

7. Não cabe exceção a nenhuma mulher; ela será acusada, presa e detida nos casos determinados pela Lei. As mulheres obedecem tanto quanto os homens a esta lei rigorosa. [...]

10. Ninguém deve ser hostilizado por suas opiniões, mesmo as fundamentais; a mulher tem o direito de subir ao cadafalso; ela deve igualmente ter o direito de subir à Tribuna; contanto que suas manifestações não perturbem a ordem pública estabelecida pela Lei.

11. A livre comunicação dos pensamentos e das opiniões é um dos direitos mais preciosos da mulher, pois esta liberdade assegura a legitimidade dos pais em relação aos filhos. Toda cidadã pode, portanto, dizer livremente, eu sou a mãe de uma criança que vos pertence, sem que um prejulgado bárbaro a force a dissimular a verdade; cabe a ela responder pelo abuso a esta liberdade nos casos determinados pela Lei. [...]

13. Para a manutenção da força pública e para as despesas da administração, as contribuições da mulher e do homem são iguais; ela participa de todos os trabalhos enfadonhos, de todas as tarefas penosas; ela deve, portanto, ter a mesma participação na distribuição dos lugares, dos empregos, dos encargos, das dignidades e da indústria. [...]

16. Toda sociedade na qual a garantia dos direitos não é assegurada, nem a separação dos poderes determinada, não tem qualquer constituição; a constituição é nula se a maioria dos indivíduos que compõem a Nação não coopera para sua redação. [...]

Conclusão:
Mulher, desperta; a força da razão se faz escutar em todo o universo; reconhece teus direitos. O poderoso império da natureza não está mais envolto de preconceitos, de fanatismo, de superstição e de mentiras. A bandeira da verdade dissipou todas as nuvens da tolice e da usurpação. O homem escravo multiplicou suas forças e teve necessidade de recorrer às tuas, para romper os seus ferros. Tornando-se livre, tornou-se injusto em relação a sua companheira.
Oh! mulheres.

Assim, estimulada por intelectuais de ambos os sexos, animada pelas mulheres das principais cidades da França e inspirada pelos princípios igualitários iluministas, Olympe de Gouges respondeu à Declaração dos Direitos do Homem e do Cidadão, proclamada em 26 de agosto de 1789, com sua Declaração dos Direitos da Mulher, tornada pública em setembro de 1791. Exatamente um anos depois, Mary Wollstonecraft editaria em Londres seu manifesto *Em Defesa dos Direitos da Mulher*, considerado uma das primeiras manifestações do movimento feminista inglês e mundial. Nele, sua autora afirmava que, se a mulher tivesse os mesmos direitos e oportunidades do homem, libertando-se da dependência econômica, metade da humanidade – agora livre – poderia aproximar nossa espécie da perfeição. Em síntese, Mary Wollstonecraft (1759-1797) considerava a educação o caminho mais efetivo para as mulheres conquistarem melhores condições econômicas, políticas e sociais. Outras ideias polêmicas da militante e escritora provocaram grande impacto à época, por exemplo, quando afirmou ser o casamento uma espécie de prostituição legal, que transformava as mulheres em escravos convenientes.

Para melhor compreender o impacto provocado pelo libelo de Olympe de Gouges em defesa dos direitos da mulher recomendamos sua leitura ao lado da Declaração dos Direitos do Homem e do Cidadão, proclamada em 1789 e que pode ser facilmente encontrada em sites da internet.

O choque direto de Olympe de Gouges com as lideranças revolucionárias, especialmente Marat e Robespierre, ocorreu quando da instauração do período do Terror, o mais intolerante e radical do movimento, e bastou seu posicionamento público contrário à execução do rei Luís XVI para justificar sua condenação à guilhotina.

NASCER, VIVER E MORRER COMO REI...

Uma visão superficial de Luís XVI mostra-nos apenas um tirano obstinado pelo exercício do poder, cercado de crápulas assemelhados, igualmente sedentos para usufruir os benefícios de sua privilegiada condição social. Esse raciocínio não está absolutamente incorreto e nada que se pense ou diga pode justificar os crimes praticados pela tirania, seja qual for sua forma, época, lugar ou coloração política. Entretanto, nosso julgamento moral, também aqui, é inócuo para produzir ensinamentos que possam melhorar a condição humana. Ora, já que o rei descendia de reis, seu destino era ser rei e ele, obviamente, faria de tudo para manter-se rei – esta é a lógica mais elementar que aprendemos pelo menos desde Maquiavel.

O problema que sobra, entretanto, é verificar se as promessas da revolução – cuja realização parecia depender do julgamento e execução de Luís XVI – resultaram em benefício para o povo que lhe deu ânimo e combustível e se o extermínio de milhares e milhares de pessoas pôde fazer brilhar a tal "aurora da felicidade universal".

"Quereis uma revolução sem revolução?" – perguntou Robespierre à Assembleia. E foram essas e outras poderosas palavras que orientaram a decisão de levar o rei a julgamento. A sessão em que se procedeu ao interrogatório de Luís XVI foi presidida por Barère, que conclamava os representantes "de todos os cidadãos da República" a adotar conduta firme e sábia: "A Europa vos observa. A história recolhe vossos pensamentos, vossas ações. A posteridade incorruptível vos julgará com uma severidade inflexível. [...] A dignidade de vossa sessão deve responder à majestade do povo francês. Ele vai dar por vosso intermédio uma grande lição aos reis e um exemplo útil à libertação das nações." E, dirigindo-se ao rei, cujo destino já estava selado de antemão, afirmou: "Luís, o povo francês vos acusa de haver cometido uma série de crimes para estabelecer vossa tirania, destruindo sua liberdade."

A PREPARAÇÃO DO FUTURO 157

A execução de Luís XVI por Charles Monnet (ilustrador) e Isidore Stanislas Henri Helman (gravador). Na imagem, enquanto o carrasco mostra a cabeça do monarca ao povo, vê-se o pedestal que, até então, sustentara sua estátua. (Na gravura lê-se: "Jornada de 21 de janeiro de 1793, morte de Luís Capeto na Praça da Revolução: apresentada à Convenção Nacional, no dia 30 Germinal por Helman".)

O rei defendeu-se como pôde, mas fracassou ante seus julgadores. Às 10h20 da manhã de 21 de janeiro de 1793, chegou ao cadafalso instalado na Praça da Revolução, onde, dois minutos depois, teve a cabeça apresentada ao povo pelo carrasco.

E depois? Qual a lição e exemplo dados aos tiranos e aos libertadores das nações?

Ao Terror dos jacobinos – duramente combatido por tendências mais moderadas da Revolução –, seguiu-se o terror burguês, instalado após a extinção do Diretório, em 1799, por meio do qual a burguesia exerceu um governo parlamentar. Naquele ano, em face do descrédito das instituições da administração e ante a crescente insatisfação popular, um golpe militar pôs no governo ditatorial um vigoroso inimigo do povo, Napoleão Bonaparte (1769-1821), cuja ascensão acompanhou os últimos estágios da Revolução. Napoleão declarou-se primeiro-cônsul, depois cônsul vitalício e, finalmente, imperador, com o nome de Napoleão I, o que se estendeu de 1804 a 1814, além de um breve período em 1815.

O governo de Napoleão escapa aos limites deste livro, mas parece claro que a monarquia feudal absolutista foi sucedida por uma espécie de monarquia burguesa igualmente absolutista, que alijou o povo das decisões políticas e dos benefícios das grandes e custosas campanhas que caracterizaram as guerras napoleônicas, até o revés da Campanha da Rússia, em 1812, o que culminou na sua deposição e exílio. Três anos depois, após um brevíssimo retorno ao poder, na batalha de Waterloo, Napoleão sofreu sua definitiva derrota.

Sugestões de leitura

ARIÈS, Philippe; DUBY, Georges (dir.). *História da vida privada*: da Renascença ao Século das Luzes. Trad. Hildegard Feist. São Paulo: Companhia das Letras, 1993, v. 3.

BAKHTIN, Mikhail. *A cultura popular na Idade Média e no Renascimento*: o contexto de François Rabelais. Trad. Iara Frateschi Vieira. São Paulo: Hucitec/Brasília: Editora Universidade de Brasília, 2008.

BARRETO, Luís Filipe; GARCIA, José Manuel (orgs.). *Portugal na abertura do mundo*. 2. ed. Lisboa: Comissão Nacional para as Comemorações dos Descobrimentos Portugueses, 1990.

BRAUDEL, Fernand. *O Mediterrâneo e o mundo mediterrânico*. São Paulo: Martins Fontes, 1984, v. 2.

BURCKHARDT, Jacob. *A cultura do Renascimento na Itália*. Trad. Sérgio Tellaroli. São Paulo: Companhia das Letras, 2006.

BURKE, Peter. *A fabricação do rei*: a construção da imagem pública de Luís XIV. Trad. Maria Luiza X. A. Borges. Rio de Janeiro: Zahar, 2009.

BURKE, Peter. *Cultura popular na Idade Moderna*: Europa, 1500-1800. Trad. Denise Bottmann. São Paulo: Companhia das Letras, 2010.

ELTON, G. R. *A Europa durante a Reforma*. Trad. Ana Hatherly. Lisboa: Presença, 1982.

HIBBERT, Christopher. *Ascensão e queda da casa dos Médici*: o Renascimento em Florença. Trad. Hildegard Feist. São Paulo: Companhia das Letras, 1993.

HILL, Christopher. *O mundo de ponta-cabeça*: ideias radicais durante a Revolução Inglesa de 1640. Trad. Renato Janine Ribeiro. São Paulo: Companhia das Letras, 1987.

MAQUIAVEL, Nicolau. *O príncipe*. Trad. Pietro Nassetti. São Paulo: Martin Claret, 2012.

MARQUES, Adhemar; BERUTTI, Flávio; FARIA, Ricardo. *História Moderna através de textos*: a crise do século XVII. 10. ed. São Paulo: Contexto, 2003.

MICELI, Paulo. *O ponto onde estamos*: viagens e viajantes na história da expansão e da conquista – Portugal, séculos XV-XVI. 4. ed. Campinas: Editora da Universidade Estadual de Campinas, 2008.

WEBER, Max. *A ética protestante e o espírito do capitalismo*. Trad. José Marcos Mariani de Macedo. São Paulo: Companhia das Letras, 2004.

GRÁFICA PAYM
Tel. [11] 4392-3344
paym@graficapaym.com.br